Neurología de la maldad

Neurología de la maldad

Mentes predadoras y perversas

Adolf Tobeña

Plataforma
Editorial

Primera edición en esta colección: enero de 2017
Séptima edición: enero de 2022

Plataforma Editorial
c/ Muntaner, 269, entlo. 1ª – 08021 Barcelona
Tel.: (+34) 93 494 79 99 – Fax: (+34) 93 419 23 14
www.plataformaeditorial.com
info@plataformaeditorial.com

Depósito legal: B. 23.393-2016
ISBN: 978-84-16820-67-2
IBIC: MMH

Printed in Spain – Impreso en España

Realización de portada:
Ariadna Oliver

Adaptación de cubierta y fotocomposición:
Grafime

El papel que se ha utilizado para imprimir este libro proviene
de explotaciones forestales controladas, donde se respetan
los valores ecológicos, sociales y el desarrollo sostenible del bosque.

Impresión:
Prodigitalk (BookPrint Digital)

Índice

Preámbulo. Registro de damnificados:
conductas morales y amorales 11

1. Dos malvados prominentes: de la crueldad
   letal al engaño predador 17
   De la crueldad fría y letal
     a la desvergüenza parasitaria 23

2. Observancia cotidiana de normas:
   usos detectados 27

3. El perfil psicopático 39
   Currículums psicopáticos desde la infancia 42

4. Cerebros morales y amorales 51
   Idiocia moral: de las criaturas a los adultos 53
   El gélido utilitarismo de los psicópatas. 57
   Insensibilidad ante el daño 60
   ¿Marcadores neurales de psicopatía?. 62
   La psicopatía ante la justicia 67
   Emotividad disfuncional: indicadores
     fisiológicos de psicopatía. 69

5. Genética de la malicia.   73

    Genes, criminalidad
      y psicopatía.   75
    El gen MAO-A   76
    Genes finlandeses   81
    Otros genes prominentes.   85
    Alta peligrosidad psicopática:
      asesinos en serie.   87

6. Delincuencia financiera y clanes mafiosos   91

    Psicopatías de «cuello blanco»   91
    Liderazgo psicopático   94
    El cerebro estafador.   96
    Clanes mafiosos.   98
    Confrontación grupal: bandas, clanes,
      hermandades, milicias y otras alianzas. 102

7. Corruptos, rufianes y elites extractivas. 105

    Maquiavélicos 108
    El valor del dinero. 111
    El arrastre del poder. 119
    Desvergüenza seductora. 124

8. Malvadas: psicopatías femeninas 127

    Psicopatías femeninas 128
    Agresividad femenina cotidiana. 132
    Cerebros combativos distintivos 135
    Cambios culturales y combatividad
      femenina. 138

9. **Radares vigilantes de la maldad** 143
   Códigos y doctrinas. 143
   Generosidad y cumplimiento de normas 145
   Vigilancia social. 149
   El radar omnisciente 151
   Limpieza moral. 153

10. **Sanciones: de los justicieros a la justicia** 157
    Vigías y policías. 157
    Instituciones punitivas 160
    Vigilancia de los vigilantes: policía de alto rango . 164
    Justicia neural 165
    Culpa y contrición 171
    Francotiradores con y sin escrúpulos 173
    Culpa altruista. 176

11. **Diagnóstico individualizado para los malvados** . . 179
    Neurogenética de la propensión violenta:
       matización de las decisiones judiciales 186
    ¿Jueces biomodulables? 189
    Anticipación neural de la reincidencia delictiva . . 194

12. **No hay males banales: atractivo
    y relevancia de la maldad** 201
    El mal incidental. 201
    La maldad deliberada 211
    La rareza del mal. 215

Agradecimientos 219

Referencias bibliográficas 221

Preámbulo
Registro de damnificados: conductas morales y amorales

«Somos responsables del mal que hemos decidido cometer libremente y no lo somos, en cambio, de los males para los que no disponíamos de libertad (entendida como capacidad u oportunidad) de llevarlos a cabo.»[131]

M. MOORE, 1997

Los malvados dejan, a su paso, un considerable rastro de bajas y de damnificados y esos regueros de desgracias los ocasionan a conciencia. Es decir, queriendo lastimar o perjudicar. Eso los distingue. Esa es su huella primordial y con eso queda cubierta una definición que enseguida daría problemas si se le exigieran mayores sutilezas. En nuestra tradición cultural, el mal lo representan Caín y el demonio: ellos dos son los agentes principales del daño y las tragedias del mundo. El primero simboliza a los urdidores y ejecutores de las inagotables vilezas y atrocidades que distinguen a nuestra estirpe, mientras que el segundo anda detrás de todo lo que incita a la conducta maligna, a través de insinuaciones y tentaciones sin fin. Con ello ya disponemos de suficiente bagaje para empezar este recorrido por los perfiles perversos de la condición humana.

Los comportamientos malignos, los que engendran daño, abusos y perjuicios de todo tipo, reciben, asimismo, la catalogación de amorales o inmorales, sin necesidad de recurrir a las nociones registradas en las leyes. La moralidad humana se apoya en dos ejes primordiales: evitar lesionar o perjudicar a los demás y procurar socorrerlos en caso de necesidad. No dañar, antes que nada, además de compartir y ofrecer ayuda siempre que sea posible. La conducta prosocial o moral implica cooperación y socorro llegando al extremo, si es preciso, de la merma de intereses o el sacrificio de objetivos propios. En eso se sustenta la benignidad: en el funcionamiento adecuado y espontáneo de los sentimientos morales.[78,81,146] El asunto es muchísimo más complejo, por supuesto, aunque para los objetivos de este ensayo puede dejarse así.

Los principios propugnados por las doctrinas de base secular o religiosa lo recogen de ese modo cuando plasman aquellos sentimientos en los códigos normativos básicos. Después de la reverencia y la dignificación de la autoridad suprema (la terrenal de ordinario o la sobrenatural en las prescripciones religiosas), los principios del comportamiento justo y deseable son muy sencillos: no matéis, no robéis, no engañéis, no diseminéis calumnias ni levantéis falsos testimonios. No perjudiquéis al prójimo ni a sus bienes, sus intereses o su reputación, en primerísima instancia, y siempre que podáis socorrer y compartir, hacedlo.

Normas simples al servicio de la concordia y la atenuación de fricciones en la vida comunal. Mimbres para trenzar la cohesión y el compromiso en las continuas y no siempre plácidas transacciones de la convivencia. Todo eso es lo que los malvados se dedican a subvertir con tenaz dedicación y, a menudo, con considerable fruición, quizá porque carecen de sentimientos morales. Quizás, apuntaba ahí, aunque eso supone avanzar conceptos y hay que ir un poco más despacio.

En los cimientos del edificio moral reside la regla de oro cooperadora: tratad a los otros cómo querríais ser tratados, comportaos como esperaríais que se comportaran con vosotros, haced en toda circunstancia lo que querríais que los demás hicieran por vosotros. Un principio que puede rastrearse en todas las tradiciones doctrinales, tanto si las normas se sustentan en la capacidad de escrutinio de una divinidad todopoderosa como si no lo hacen así.[73,90,146]

La complejidad de las interacciones sociales humanas abre un vastísimo universo de dilemas cambiantes, con choques de intereses y caminos confrontados, en todos los ámbitos donde hay bienes, intereses, estatus, valores o concepciones en litigio. Por consiguiente, las opciones y las decisiones con carga moral se amplían y alcanzan una variedad y sutileza inmensa y en muchos casos devienen difícilmente discernibles. De ahí que el cuerpo de normas y leyes sea monumental y demande adiciones, ajustes y precisiones sin cuento.

En cualquier caso, además de no dañar y de ayudar, hay componentes básicos de la moralidad que vienen recogidos en todas las tradiciones y que en los sondeos sobre los usos contemporáneos también afloran con fuerza: la preeminencia de los familiares, los amigos y los compatriotas cuando hay que sacrificarse; la reciprocidad y la honestidad en el trueque y el comercio; la demanda de equidad aproximada en el disfrute de bienes; el respeto por las personas, pero también por los símbolos, los valores y la autoridad establecida en una comunidad, y el cuidado por la higiene, así como una exigencia de prudente contención en algunos hábitos.[81,96]

La cuestión de si en el mundo predominan los malvados o los benignos ha intrigado, desde siempre, a los observadores más incisivos sobre la condición humana. Lo habitual es que la ciudadanía adulta tenga una noción bastante firme sobre ese interrogante y circule por la vida de acuerdo con ella. A partir de un cierto trecho de experiencia acumulada abundan los que comulgan con la máxima de que «si los canallas y los villanos volaran, se apagaría la luz del sol». Esa es una visión rotundamente pesimista sobre la naturaleza humana, ya que asume el predominio apabullante de los malvados. Supone una acentuación negativa de la división maniquea del mundo en las dos mitades, benéfica y tóxica, de la cual se nutren la mayoría de nuestras tradiciones. La Biblia ofrece una posición clara: divide la naturaleza de los pobladores masculinos del planeta en dos categorías: Caínes y Abeles. Para la naturaleza de los femeninos no avanza una compartimentación tan rotunda, aunque les adjudica la simiente de buena parte de las tentaciones que conducen al mal, con lo cual la visión de conjunto quizá sea incluso más sombría.

Una de las tareas por culminar en este recorrido por la maldad es ofrecer estimaciones sólidas sobre la incidencia de la toxicidad social para superar las tentadoras y quizás engañosas intuiciones globales, basándolas en observaciones objetivas. Para ello ofreceré un resumen bien trabado, espero, de lo que los estudios sobre la criminalidad han podido establecer en las últimas décadas. El diagnóstico general sobre esa cuestión ha sido dominado, en tiempos recientes, por una mirada más bien benigna a los resortes de la naturaleza humana. Mirada que ha propiciado que uno de los príncipes del ensayo anclado en el conocimiento biológico, Steven Pinker, anunciara al mundo en 2011, en su monumental *Los ángeles que llevamos dentro: el declive de la violencia y sus implicaciones*,[146] que todas las modalidades de violencia han venido remitiendo, de manera apreciable, en todas partes. Se están imponiendo, al parecer, las contenciones, los valores y las normas que nacen a partir de los mejores mimbres de nuestra condición y de los beneficios de invertir, a fondo, en inteligencia y en tecnología para la regulación de las transacciones sociales. Veremos, al final, cómo anda el panorama y hasta qué punto puede compartirse ese diagnóstico tan halagüeño.

A pesar de la querencia por los estudios y los datos sistemáticos, no dejaré de lanzar miradas, sin embargo, a los faros de la sabiduría tradicional porque siguen ofreciendo destellos útiles para el discernimiento y la indagación seria. Una de los compendios más aprovechables sobre los vectores de la maldad lo proporciona, por ejemplo, el elenco de los siete «pecados capitales» de la Iglesia romana: la soberbia, la ira, la envidia, la avaricia, la lujuria, la gula y la pereza. Lo usaré porque ofrece una buena selección de puertas de entrada a los perfiles malévolos distintivos, del mismo modo que las virtudes que se les oponen (la humildad, la paciencia, la generosidad, la amabilidad, la templanza, la continencia y la diligencia) constituyen un buen esbozo de los posibles antídotos que administrar y cultivar.

En cualquier caso, el criterio que prevalecerá en este itinerario será el de abrir ventanas a los hallazgos sólidos, siempre que los haya, y evitar al máximo los rosarios de truculencias. El propósito es acotado y humilde: comenzar a acumular conocimiento firme, aunque sea incipiente, en un ámbito donde solo se ha contado con el buen criterio de los juristas y los moralistas más ecuánimes y prudentes.

1.
Dos malvados prominentes: de la crueldad letal al engaño predador

El extremista noruego Anders Breivik y el financiero norteamericano Bernard Madoff (figura 1, p. 19) son ejemplos notorios de delincuentes que causaron daños mayúsculos a sabiendas. Breivik estableció un récord mundial como cazador de vidas humanas, por cuenta propia, en tiempos de paz. La mañana del 22 de julio de 2011 hizo detonar un coche bomba en las inmediaciones de los edificios gubernamentales del centro de Oslo y la explosión ocasionó la muerte de ocho personas. Otras doscientas sufrieron heridas. Unas horas más tarde, y disfrazado como oficial de policía, se trasladó hasta el islote de Utoya, en el fiordo de la capital noruega, donde las Juventudes del Partido Laborista celebraban unas jornadas estivales en un albergue. Poco después de llegar a las instalaciones y apostándose en el exterior para disparar como un francotirador, consiguió segar la vida de sesenta y nueve jóvenes e hirió a treinta y tres más, abatiéndolos mientras intentaban huir corriendo o nadando. Fue capturado en ese mismo lugar por la policía, sin oponer resistencia alguna.*

Breivik había dejado descritas, con detalle, sus motivaciones para llevar a cabo esas carnicerías en un manifiesto que había colgado en internet esa misma madrugada. Especificaba allí que los atentados iban destinados a pregonar su ideario derechista radicalmente contrario a las políticas de acogida e integración multicultural que eran moneda corriente en Escandinavia y, en particular, para luchar contra la creciente –según él– «islamización» de su país.

El tribunal encargado del caso tuvo que dictar providencias para que dos equipos distintos de psiquiatras forenses dictaminaran sobre la salud mental del sujeto. El primer comité de evaluación concluyó que Breivik presentaba un cuadro de esquizofrenia paranoide y lo consideró mentalmente perturbado y no responsable de sus actos. El segundo fue nombrado ante el alud de críticas que recibió ese primer dictamen y también ante las alegaciones del propio acusado, que insistía, con firmeza, en asumir su plena y total responsabilidad sobre aquellas atrocidades.

---

* En los mortíferos ataques del verano de 2016 en Niza (14 de julio) y en Múnich (22 de julio), llevados a cabo por «lobos solitarios», se destacaron concomitancias con la cacería de Breivik. Puede que hubiera algunas (en el segundo, sobre todo, al encontrarse indicios de emulación del noruego), aunque sobresalen las diferencias: los ataques de Breivik fueron acciones de precisión, en contexto apacible, sin reivindicar proximidad con ninguna insurgencia u organización armada y sin intencionalidad suicida.

Figura 1. Izquierda: Anders Breivik, extremista noruego sentenciado a 21 años de reclusión por la muerte de 77 personas el 22 de julio de 2011, en Oslo; **derecha: Bernard Madoff**, financiero norteamericano sentenciado a 150 años de prisión, el 29 de junio de 2009, en Nueva York, por una estafa que supuso pérdidas de 18.000 millones de dólares para los inversores en sus fondos. (Imágenes reproducidas en A. Tobeña, 2013).[187]

El informe pericial de ese segundo comité evaluador (donde había especialistas internacionales, además de expertos noruegos) concluyó tan solo una semana antes de que se iniciara el juicio público del caso y dictaminó que Breivik no padecía disfunciones mentales durante la evaluación y tampoco, presumiblemente, al urdir y cometer los ataques. Se le diagnosticó, eso sí, una anomalía del carácter, un trastorno de la personalidad con doble etiqueta de narcisista y antisocial. El 24 de agosto de 2012 el Tribunal de Oslo lo consideró culpable de la muerte de 77 personas. Se le impuso una sentencia de 21 años de reclusión (la pena máxima en Noruega), con un mínimo obligatorio de 10 años entre rejas, bajo una modalidad penal de detención preventiva que permitiría alargar la reclusión tanto como fuera necesario, en caso de considerarse, al cumplirse el periodo de prisión, que Breivik continúa siendo un peligro para la sociedad.

El caso alcanzó una enorme resonancia en el mundo entero y un comentario editorial del rotativo londinense *The Guardian* (24 de agosto de 2012), rezaba así:

El Tribunal ha obrado con rectitud al declarar a Breivik mentalmente sano. Una acción enfermiza, por definición, puede ser llevada a cabo por una persona que actúe racionalmente, y debe acarrear por ello la responsabilidad de haberla culminado. La minuciosidad y la atención que Breivik mostró por los detalles en la preparación de los dos ataques del 22 de julio de 2011 resultan escalofriantes. Se había instalado en una granja aislada lo suficientemente grande como para comprar fertilizantes en cantidades importantes sin despertar sospechas. Con ello dispuso de la privacidad necesaria para preparar los explosivos. Tuvo incluso la precaución de avisar por anticipado a los organizadores del campo de verano para jóvenes laboristas, en la isla de Utoya, de que llegaría un policía para protegerlos en las horas siguientes a los atentados del centro de Oslo. Se desplazaron hasta el ferry para recogerlo. La persona que salió del ferry iba equipada con bastante más que con un instrumental mortífero. Se había preparado para actuar como un asesino, como un eficaz ejecutor, en largas sesiones de videojuegos que remedaban la realidad de disparar a objetivos humanos a lo largo de más de un año de entrenamiento desensibilizador. La instrucción de los soldados para poder ser capaces de matar con eficacia incluye procedimientos para superar la resistencia a liquidar a otras personas. Breivik tenía plena conciencia sobre sus actos y sus facultades mentales estaban preservadas.

A pesar de esas afirmaciones periodísticas tan claras y taxativas, los matices sobre el grado de discernimiento y deliberación de Breivik que los psiquiatras forenses debieron abordar y desentrañar para poder asesorar con suficiente coherencia y precisión al Tribunal de Justicia fueron desafiantes. Hasta el punto de requerir la ayuda de asesores internacionales y de haber dejado un reguero de discusiones en la literatura médica especializada.[200]

El caso del defraudador Bernard Madoff, un destacado financiero norteamericano (figura 1, p. 19), no requirió un enjambre de especialistas para discernir sobre incertidumbres y sutilezas diagnósticas. Madoff había llegado a ocupar el cargo de director consultivo del mercado NASDAQ, en la Bolsa de Nueva York, y aceptó inmediatamente su responsabilidad en el fraude monumental que había urdido y conducido, con notable eficacia, durante décadas. Admitió ser el operador principal del esquema Ponzi que había montado a través de su cartera de inversiones, hasta precipitar el fraude financiero más importante de la historia norteamericana. En marzo de 2009 se declaró culpable de once delitos federales por haber convertido su firma de inversiones bursátiles en una estafa piramidal inmensamente lucrativa, que engañó y defraudó a miles de clientes por un valor de miles de millones de dólares.

Madoff declaró que inició las operaciones fraudulentas a principios de la década de 1990, aunque los investigadores federales encontraron indicios de que la estafa pudo haber comenzado ya en la de 1970. La suma total de capital volatilizado, incluyendo las ganancias inventadas, alcanzó la cifra de 65.000 millones de dólares. Las pérdidas reales de dinero, según un comité asesor nombrado por el Tribunal, se situaron alrededor de los 18.000 millones de dólares. El 29 de junio de 2009 Madoff fue sentenciado a 150 años de encarcelamiento, la máxima pena aplicable en Estados Unidos según la ley federal vigente para esos supuestos.

Las decisiones de aquellos tribunales noruego y norteamericano implicaron, por consiguiente, la asunción de que ambos delincuentes fueron totalmente responsables de sus actos y que habían actuado con un conocimiento preciso y detallado de las consecuencias dañinas de sus conductas criminales. La espantosa letalidad de Breivik, así como las excentricidades y las obsesiones en su discurso, por no decir las rarezas y extravagancias en su comportamiento, suscitaron dudas considerables sobre su grado de discernimiento. En cambio, los delitos de Madoff no generaron duda alguna de que respondían a la voluntad de una mente perspicaz, vigilante, meticulosa y altamente ponderada y reflexiva.[187]

He escogido estos dos casos para el pórtico de este ensayo por dos razones primordiales: 1) ilustran un reguero de acciones dañinas que responden a planes y decisiones tomadas en solitario, en ambos casos, y ese es mi principal objetivo: la maldad individual, 2) retratan las dos grandes modalidades típicas de la psicopatía: los sujetos que siegan vidas y ocasionan daños y torturas físicas sin inmutarse, por un lado, y los que perjudican a los bienes y los intereses ajenos mediante conductas parasitarias y defraudadoras, por otro. Entre estos últimos suelen abundar los delincuentes de éxito, ya que aprovechan su ingenio para eludir la detección y el castigo.[68] Los primeros –los crueles, los morbosos y los altamente peligrosos– suelen ser menos cuidadosos y se los captura con mayor facilidad y asiduidad. De todos modos, no faltan los casos mixtos o intermedios.

Ante estas dos modalidades de crimen devastador no solemos reaccionar, además, con el mismo grado de repugnancia o de rechazo, ya que liquidar vidas, causar heridas graves o aplicar torturas despierta mucha más desazón y horror que las pérdidas y quebrantos económicos, por graves que sean. Aunque tanto el respeto por la integridad física como por el trato justo y cabal, en cualquier transacción o compromiso, ocupen posiciones destacadas en las escalas de valores morales,[81,95] las reacciones espontáneas ante las transgresiones que afectan a uno u otro ámbito suelen ser distintas.

De la crueldad fría y letal a la desvergüenza parasitaria

A pesar de poseer una fisonomía temperamental tan discernible, tanto Breivik como Madoff acarreaban motivaciones perfectamente comprensibles que estaban enraizadas en sus agendas particulares: el deber autoimpuesto de un extremista xenófobo que decide iniciar una campaña mortífera en la tumultuosa y belicosa mente del noruego, y el apetito predador e insaciable por el dinero y el estatus social en el caso del negociante norteamericano.

No es infrecuente, sin embargo, que los psicópatas genuinos actúen sin más motivación que dedicarse con denuedo a perjudicar a los demás, disfrutando con el daño o los quebrantos que ocasionan. La crónica negra en todos los rincones del mundo aporta un frondoso escaparate de casos letales, crueles o morbosos. Los más inquietantes suelen acaparar la atención pública durante un tiempo y constituyen la simiente siempre renovada del género negro en la literatura y la cinematografía. He seleccionado a esos dos, además, por pertenecer sus protagonistas a segmentos acomodados de sociedades avanzadas, aunque el muestrario podría incluir personajes con mayor carga truculenta, por descontado.

Los ejecutores de esas acciones criminales suelen pertenecer, por regla general, a una minoría selecta. Hay que tener en cuenta que los individuos que consiguen cristalizar una carrera criminal al culminar la juventud (alrededor de los treinta años) son siempre una minoría. En diversos estudios de grandes cohortes muy bien seguidas desde la adolescencia hasta la madurez (la cuarentena), en Estados Unidos y Gran Bretaña, se ha podido comprobar que el segmento de practicantes contumaces de delitos desde el inicio de la pubertad no llega a un 5 % de la población total.[16,50,193] Es decir, solo entre 4 y 5 individuos de cada 100 ciudadanos ordinarios se especializa en ámbitos profesionales dedicados a lesionar o perjudicar ostentosamente a los demás.

Y solo una cuarta parte de esos, a su vez, permite una catalogación diagnóstica firme de psicopatía, sin vacilación alguna.[59] En cambio, en los casos más alarmantes de la crónica policial y judicial, los psicópatas suelen predominar de modo notorio, hasta el punto de protagonizar cerca de la mitad de esos casos. No agotan la casuística, por descontado, puesto que esas crónicas truculentas reciben aportaciones de múltiples fuentes que pueden ir desde el furor desatado por obnubilaciones alcohólicas o por otras drogas y las anomalías más o menos abruptas de orden neurológico o psiquiátrico hasta la desesperación pasajera de un ciudadano sin tacha ante un trance sentimental o financiero grave.

A los jurados y a los magistrados les toca la difícil tarea de llegar a decisiones ajustadas a derecho y de aplicar sanciones proporcionadas ante los casos criminales más intrincados. ¿Puede la neurociencia resultar de alguna ayuda para desbrozar los ingredientes decisivos en los complicados dilemas que a menudo deben afrontar? Eso también constituye un objetivo preferente de este ensayo y queda pendiente su discusión para los capítulos finales.

2.
Observancia cotidiana de normas: usos detectados

Definimos como conducta no ética los actos que violan principios morales ampliamente aceptados como la honestidad y la reciprocidad. Eso incluye el engaño, el fraude o la estafa. Muchos comportamientos que violan esos principios morales no tienen una víctima identificable, pero pueden lesionar los intereses de una comunidad y son también ejemplos de conducta no ética. En consonancia con su origen etimológico común, puede usarse los epítetos inmoral y no ético de forma intercambiable.[164]

N. E. RUEDY *et al*, 2013

Las cámaras de videovigilancia instaladas en muchísimos lugares donde hay concurrencia de gente, además de ayudar a la policía cuando hay que revisar las secuencias grabadas en una zona donde se ha producido un delito, han permitido llevar a cabo estudios sobre la conducta espontánea de los ciudadanos. A finales de 2008, un equipo de psicólogos sociales de la Universidad de Groninga comunicó en *Science* unos hallazgos sobre la conducta cívica e incívica de los viandantes de esa coqueta ciudad del norte de los Países Bajos que tuvieron gran repercusión.[101] Montaron varias situaciones para analizar la influencia del contexto en la observancia o la transgresión de normas cívicas claras y explícitas. Partían del hecho, constatado con reiteración y fuente de considerable preocupación entre los especialistas en urbanismo, de que el vandalismo y la suciedad circundante tienden a incrementar los comportamientos incívicos en lugares públicos.

En su primer experimento decidieron medir la conducta de ensuciar la vía pública lanzando papeles al suelo. El lugar elegido para observar y grabar comportamientos era un pasaje que daba acceso a la puerta lateral de un céntrico supermercado, donde se habían dispuesto los amarres para dejar aparcadas las bicicletas de la clientela mientras hacía la compra. Dispusieron la situación de tal modo que hubo días en que la pared donde se adosaban las bicicletas estaba llena de ostentosos grafitis, a pesar de que había una señal municipal indicando, con rotundidad, la prohibición de pintarlos. Otros días, en cambio, la pared estaba incólume y la señal normativa era respetada. Cuando los compradores (seleccionados al azar) entraban al supermercado, los investigadores aprovechaban para colgar unos panfletos en el manillar de todas las bicicletas aparcadas: propaganda de una tienda cercana con «buenos deseos para las vacaciones».

Luego, cuando los individuos salían, se grababa su conducta, procurando distinguir entre ensuciar la vía pública tirando el papel o guardarlo (era molesto para conducir). Las condiciones atmosféricas siempre fueron las mismas: días grises y sin lluvia, entre la una del mediodía y las cinco de la tarde.

Los resultados detectaron dos patrones de comportamiento en los casi dos centenares de individuos grabados: ante las señales de suciedad ostentosa de la pared, con transgresión de la norma de no pintar grafitis, un 70 % de los individuos ensuciaban el suelo y un 30 %, aproximadamente, no lo hicieron y se guardaron el panfleto; en cambio, ante las señales de respeto escrupuloso de las normas (pared limpia de grafitis), un 70 % conservaba el papel sin tirarlo y solo un 30 % ensuciaba el pavimento.

Decidieron confirmar esos hallazgos en otras circunstancias y con otras medidas. Lo probaron en un aparcamiento privado subterráneo, colindante con el supermercado y usado por su clientela motorizada. Hicieron lo mismo y colocaron los panfletos en los parabrisas de los vehículos aparcados, muchos de ellos de gamas altas en un lugar que tiene una renta per cápita elevada. La norma, bien visible también en ese caso, era dejar los carros de la compra ordenados en su sitio una vez descargadas las bolsas, sin dejarlos desparramados por todas partes. Los resultados arrojaron proporciones prácticamente idénticas a los de los ciclistas: cuando había orden y respeto a la norma, la gran mayoría de los clientes se comportaba cívicamente y no arrojaba papeles al suelo, pero predominaba el ensuciar el pavimento cuando había carritos abandonados en cualquier lado. Lo probaron, asimismo, en una zona frontal de acceso al supermercado que estaba cercada por una valla con señales que indicaban claramente la prohibición de pasar: la conducta que interesaba medir, en esa ocasión, era saltarse la norma de transitar por un lugar prohibido cuando había otras transgresiones visibles (bicicletas mal aparcadas y bloqueadas contra el cercado). Los resultados volvieron a repetirse, de nuevo, con proporciones parecidas.

Finalmente decidieron poner a prueba la apropiación de dinero ajeno en un lugar público. Colocaron en la boca de un buzón de correos situado en una esquina de la plaza Mayor de Groninga un sobre mal cerrado y a medio introducir, pero con el destinatario bien indicado, del cual sobresalía una punta de un billete de cinco euros. Grabaron a los viandantes para poder distinguir entre los que, al verlo, cerraban el sobre y lo empujaban al fondo del buzón, mandándolo a su destino, y aquellos que se quedaban con el dinero y salían zumbando. Cuando el buzón y el parterre que lo rodeaba estaban impecables, predominaron las conductas cívicas, pero cuando el buzón estaba sucio con todo tipo de pintadas y el suelo lleno de papeles y desechos, predominó la conducta de llevarse el dinero.

Ese conjunto de estudios indicó, por tanto, que en el entorno urbano de una pequeña ciudad universitaria del norte europeo, un 30 % de la gente, aproximadamente, se salta normas bien especificadas y de obligado cumplimiento, incurriendo en comportamientos incívicos e ilegales con independencia de los contextos o los avisos al respecto. Hay, por tanto, un sector de ciudadanos que tiende siempre a despreciar las normas y a comportarse mal. Los datos obtenidos mediante esas cámaras de videovigilancia han mostrado que esos individuos con propensión a la transgresión ensucian la vía pública sin miramientos, cruzan o atraviesan por lugares expresamente prohibidos o se quedan, incluso, con dinero ajeno olvidado y con propietario identificable. La fracción que incurre en ese tipo de conductas antisociales, de manera habitual, oscila entre el 20 y el 30 % de la gente.

En el otro extremo del espectro, hay un segmento de ciudadanos que oscila, asimismo, entre el 20 y el 30 %, que suele observar siempre las normas, aunque haya signos claros de que la mayoría no las respeta. Son los que muestran una consistente proclividad a la conducta cooperadora y prosocial. Y existe, finalmente, un conjunto mayoritario de ciudadanos que oscila entre el 40 y el 60 % que tiende a respetar o a saltarse las normas en función de lo que observa: en entornos donde todo indica que predomina el cumplimiento cívico de normas se avienen a ello con prontitud, pero si hay señales claras de que lo que impera es el escaqueo, la desobediencia y la transgresión, se apuntan a las conductas antisociales y no cooperadoras. Esas rotundas mayorías son, por consiguiente, oportunistas y poco fiables en lo que concierne al comportamiento prosocial espontáneo.

Estos hallazgos resultan muy ilustrativos, aunque tan solo hayan explorado un abanico restringido de la conducta humana. Les da una potencia singular el hecho de haber sido obtenidos sin interferir, al haberse registrado comportamientos estrictamente privados (con los permisos de las comisiones éticas universitarias y de la municipalidad, claro está). Y todavía adquieren mayor significación cuando en estudios parecidos adaptados a otros ambientes y entornos diferentes, la división en segmentos prosociales, antisociales y oportunistas se mantiene, aunque las proporciones oscilen.

En estudios de laboratorio, cuando se dan oportunidades de obtener ganancias monetarias, por ejemplo, a base de mentir de manera flagrante hay también alrededor de un 30 % de participantes que se decantan por el engaño sistemático, aunque las posibilidades de ser atrapado y desenmascarado sean muy altas. En esas mismas condiciones, un 40-45 % miente con frecuencia y tan solo un 25-30 % prescinde del engaño y actúa de manera consistentemente honesta.[77] Esas proporciones de estafadores sistemáticos, de mendaces ocasionales y de gente fiable y capaz de resistir la tentación de ganar dinero a base de engañar se repiten en diversos tipos de montajes donde se podían mejorar los rendimientos y las ganancias engañando.[71] También aparece, por cierto, cuando el mentir no acarrea ganancia monetaria alguna, sino tan solo el desafío y la satisfacción subsiguiente de superar la detección.[164]

No tiene nada de extraño que así vaya, porque el engaño es una estrategia frecuente en la naturaleza y los humanos no constituyen una excepción. Hay, por descontado, instituciones sociales específicamente dedicadas a limitar el engaño y sus estragos (las unidades de inspección o los tribunales de justicia), de manera que las violaciones sistemáticas de normas que conllevan la corrupción económica, la evasión de impuestos y los fraudes comerciales no comprometan la prosperidad y el bienestar de la mayoría. Pero ni las instituciones más eficientes pueden avistar todas las situaciones donde hay engaño o estafa, y la conducta honesta o deshonesta depende, en muchos casos, de los propios ciudadanos. Existe, sin embargo, la sospecha de que en eso hay una enorme variabilidad en función del entorno social.

Simon Gächter y Jonathan Schulz lideraron, desde las Universidades de Nottingham, Bonn y Yale, un estudio que ha aportado luces sobre el asunto.[67] Combinaron los índices objetivos de calidad democrática, de economía sumergida y de corrupción económica elaborados y publicados por las agencias de evaluación más prestigiosas y crearon, de esa guisa, un índice compuesto de «Presencia de violaciones de las normas: PVN», con el cual clasificaron a 159 países del globo, en más o menos corruptos, partiendo de datos de 2003. Decidieron luego, entre 2011 y 2015, estudiar la honestidad de la ciudadanía en 23 de esos países que constituían un buen escaparate de las diferencias mundiales (desde Gran Bretaña y Países Bajos, hasta Tanzania y Marruecos, pasando por España e Italia), en muestras de jóvenes que tenían alrededor de 21 años y que no podían haber participado, por tanto, en las condiciones que dieron lugar a los datos de 2003, al ser todavía críos. En total participaron 2.568 sujetos (un 48 % de los cuales eran mujeres), lo cual da algo más de un centenar de jóvenes por cada país.

En cada uno de esos estudios, los participantes tuvieron que efectuar tiradas de dados en la estricta privacidad de un cubículo dispuesto al efecto y ante una pantalla de ordenador a través de la cual indicaban los resultados. Los dados fueron calibrados, los cubiletes eran vasos opacos y cada participante, una vez que había completado unos cuestionarios y había entendido las reglas del juego, debía efectuar dos tiradas seguidas en solitario. Después de retener el resultado de la primera vez, debía lanzar el dado por segunda vez, observar el resultado y comunicar, a continuación, el número que había salido en la primera tirada, que es lo que se convertía en dinero que ganar. El premio consistía en una unidad monetaria (en la moneda de cada país), en función de lo que había salido en ese primer lanzamiento, en progresión creciente de uno hasta cinco, porque si salía un seis, computaba como un cero y no había ganancia alguna. Es un juego privado, por consiguiente, donde hay un incentivo obvio para mentir a base de indicar que se ha obtenido un resultado más alto del que realmente ha salido, salvo el seis.

Al hacerse las tiradas en privacidad total, no se podía medir la honestidad o deshonestidad de cada individuo en particular, pero podían obtenerse estimaciones de la honestidad agregada de las muestras de cada país. Con muestras grandes y dados bien calibrados, la distribución de los resultados debería ser prácticamente idéntica para cada uno de los números de los dados y las unidades monetarias reclamadas (con valores del cero al cinco) deberían rondar, en promedio, el 2,5. Eso es lo que cabe esperar para la máxima honestidad.

En los lugares, sin embargo, donde una mayoría de individuos optara por optimizar sus ganancias mintiendo, debería haber un predominio apoteósico de los números más altos o incluso del cinco, la máxima deshonestidad. Los resultados de esos 23 países indicaron que las medias reportadas variaban entre 2,96 y 3,96 unidades monetarias y esas medias mostraron una potente vinculación con el índice PVN de honestidad por países. Es decir, cuanto mayor era la corrupción ambiental, mayor era también el montante promedio reclamado en ese juego. Todos los países se alejaron de la plena honestidad, aunque con variaciones considerables: algunos quedaban más cerca y otros bastante lejos. Así, por ejemplo, las proporciones de los que reclamaron una puntuación de cinco, más allá de la esperable al azar, varió entre un 0,2 % (en los países más honestos) y un 38,3 % (los más deshonestos). Y las proporciones de jóvenes totalmente honestos (deducible a partir de la proporción de los que reportaban un seis, es decir, cero ganancias) variaron entre un 4,3 % en los países más corruptos y un 87 % en los menos corruptos.

Los resultados globales indicaron, por tanto, que los participantes no fueron ni totalmente honestos ni deshonestos del todo. Quizá porque hay muchos individuos que procuran preservar una cierta imagen de sí mismos y prefieren vulnerar una norma antes que mentir: si se comunicaba el mejor, no el primero, de aquellos dos resultados en los dados, no se mentía, pero se transgredía la norma: a eso se lo denomina «deshonestidad justificada». Los resultados de conjunto se movieron hacia márgenes cercanos a esa «deshonestidad justificada», sobre todo en los países donde el PVN, es decir, la deshonestidad corriente, era alto. Cabe concluir, por consiguiente, que vivir en entornos donde las violaciones de las normas económicas son frecuentes convierte al conjunto de los ciudadanos en «tramposos» y no en mentirosos flagrantes. Se detectó también una estrecha vinculación entre las ganancias que los sujetos obtuvieron en el juego y ese índice PVN de corrupción por países, lo cual indica que los sujetos de los países más corruptos mintieron mucho más. Y confirmaron eso mismo con resultados de la corrupción por países de 1996, es decir, antes de que los participantes hubieran nacido. La deducción es que las sociedades modulan la honestidad de sus ciudadanos, aunque luego eso pueda variar en función de interacciones cambiantes.

La división de la ciudadanía en segmentos más o menos proclives a las conductas antisociales y prosociales, así como esas mayorías de oportunistas y tramposos, en circunstancias de la vida ordinaria recuerda asimismo los porcentajes obtenidos en los famosos experimentos Milgram,[125] donde lo que se dirimía era mucho más que las oscilaciones en urbanidad o la tendencia al juego limpio y honesto en las interacciones económicas. En esos estudios se pidió a gente corriente norteamericana que infligiera daño físico, mediante la aplicación de choques eléctricos, a unos conciudadanos que estaban pasando unas pruebas de memoria en el laboratorio. Solo un 30 %, aproximadamente, de los participantes rehusaron continuar aplicando descargas al rebasar las intensidades que ocasionaban muestras inequívocas de dolor, a juzgar por los gritos y los lamentos de las víctimas. Otro 30 % no mostró ningún titubeo y siguió aplicando esas descargas cada vez más severas hasta alcanzar las intensidades finales, marcadas como muy peligrosas. El grueso de participantes, el 40 % restante, a pesar de manifestar alguna vacilación al llegar a las intensidades altas, continuó aplicando las descargas hasta el final al recibir indicaciones, por parte de los investigadores, de que esas eran las condiciones del experimento. En este caso, una norma flagrantemente amoral (obedecer las instrucciones de autoridades científicas de renombre: el laboratorio de Psicología Experimental de Yale) solo fue rechazada por una minoría de individuos prosociales, que reaccionaron, además, con notoria indignación, abandonando el experimento sin contemplaciones. En algunos casos llegaron, incluso, a denunciar a la universidad. Pero el 70 % se acomodó a aplicar torturas por el bien «del conocimiento científico».

3.
El perfil psicopático

Los ejemplos de cooperación, compasión y benignidad son múltiples y reiterados en la conducta humana, pero también lo son el engaño, el abuso, la mezquindad o la crueldad. Y todo eso puede darse, en paralelo, con una agresividad indisimulada o con formas de violencia fría, calculada e instrumental. Los psicópatas, la gente singularmente insensible y dañina, se sitúan en el extremo más perjudicial en el abanico de interacciones prosociales/antisociales y se les puede distinguir por la frecuencia, la intensidad y las modalidades a menudo inicuas y perversas de sus conductas lesivas.

Los psicópatas bien caracterizados (tabla I, p. 41) alcanzan unos porcentajes que oscilan entre el 1 % y el 1,5 % de la población. Eso implica que en cada reunión o encuentro que supere el centenar de personas, hay una probabilidad no trivial de que algún psicópata merodee por allí. En las prisiones, por otro lado, los individuos que reciben esa etiqueta diagnóstica raramente superan la cota del 20 % de los reclusos.[50,51] Esas dos cifras ya denotan, por ellas mismas, que la mayoría de los delitos y crímenes que son analizados y sancionados por los tribunales de justicia hay que asignarlos a ciudadanos ordinarios. Es decir, a los que no acarrean, por fortuna, la etiqueta psicológica más estrechamente vinculada con la vileza, la peligrosidad o la morbosidad. Con ello debería quedar muy claro que se puede llegar a la conducta antisocial y delictiva por muchísimos otros cauces que no requieren poseer los rasgos de la maldad radical y genuina que se vinculan a la psicopatía.

La objetivación de la psicopatía mediante medidas psicométricas suele llevarse a cabo con la escala PCL-R de Hare,[85] prácticamente en todo el mundo. Hay otras medidas, por descontado, pero ninguna con el mismo grado de aceptación y diseminación. Esa escala fue elaborada a partir de las meticulosas descripciones clínicas de Cleckley,[49] que resumió, a mediados del siglo XX, el retrato robot de la psicopatía con los siguientes criterios: encanto superficial y buena inteligencia; ausencia de nerviosismo, temor o preocupaciones; ausencia de delirio u otros signos de pensamiento irracional; poco fiables, falsos e insinceros; sin remordimiento, culpa o vergüenza; conducta antisocial, sin motivos que la justifiquen; juicio deficiente y dificultades para aprender de la experiencia; egocentrismo desmesurado e incapacidad para amar; pobreza en las principales relaciones afectivas; intuición disminuida; insensibilidad en las relaciones interpersonales; conducta extravagante bajo los efectos del alcohol u otros tóxicos; amenazas de suicidio raramente consumadas; vida sexual impersonal, frívola y poco estable; incapacidad para seguir cualquier plan de vida.

El perfil psicopático

Tabla I. Ingredientes de la escala de Hare de psicopatía (PCL-R)

ÍTEMS	FACETAS
1. Encanto superficial/facilidad de palabra	Interpersonal
2. Grandiosidad narcisista	Interpersonal
3. Necesidad de estimulación/tendencia al aburrimiento	Estilo de vida
4. Mentiras compulsivas	Interpersonal
5. Estafador/manipulador	Interpersonal
6. Ausencia de remordimientos o sentimientos de culpa	Afectividad
7. Afecto superficial	Afectividad
8. Insensibilidad emotiva/ausencia de empatía	Afectividad
9. Conductas parasitarias	Estilo de vida
10. Autocontrol pobre	Antisocial
11. Conducta sexual promiscua	–
12. Problemas de conducta en la infancia	Antisocial
13. Ausencia de metas realistas a largo plazo	Estilo de vida
14. Impulsividad	Estilo de vida
15. Irresponsabilidad	Estilo de vida
16. Incapacidad para aceptar la responsabilidad de las propias acciones	Afectividad
17. Múltiples relaciones de pareja de corta duración	–
18. Delincuencia juvenil	Antisocial
19. Revocación de la libertad condicional	Antisocial
20. Versatilidad criminal	Antisocial

La PCL-R es una escala de evaluación basada en el juicio clínico. Consta de 20 ítems que se puntúan en una gradación ordinal de tres categorías, en la que cero indica que el ítem no es aplicable al individuo; uno, que el ítem es aplicable hasta cierto punto, y dos, que el ítem es totalmente aplicable. Para llegar a dicha valoración se utiliza la información obtenida mediante una entrevista estructurada y datos procedentes de alguna fuente de información colateral (p. e., los archivos penitenciarios). La utilización de una fuente de información auxiliar permite contrastar la información recabada en la entrevista y controlar la tendencia a la manipulación y a la falsedad, tan frecuente en estos individuos. La escala proporciona puntuaciones que pueden oscilar entre 0 y 40 (a mayor puntuación, mayores niveles de psicopatía). Pero también se puede utilizar para el diagnóstico de individuos con finalidades clínicas o de investigación. En ese caso, el punto de corte más frecuente para un diagnóstico de psicopatía es una puntuación ≥ 30. (Modificada a partir de Torrubia y Cucurella, 2008.)[189]

La psicopatía, tal como la detecta la escala PCL-R, reúne, por consiguiente, un conjunto de pautas temperamentales y de comportamiento que atañen a las relaciones interpersonales, a la afectividad y a los estilos de vida. En lo interpersonal, los psicópatas son explotadores, manipuladores, falsos, pomposos y dominantes. En lo afectivo, muestran emociones epidérmicas, son incapaces de vincularse con personas o con valores y carecen de reacciones empáticas y de sentimientos de culpa, remordimiento o temor genuinos. En lo conductual, son impulsivos, necesitan sensaciones fuertes y son inestables, propensos a infringir las normas y a incumplir con las responsabilidades y obligaciones adultas.

En definitiva, los psicópatas son unos predadores o parásitos consumados: egoístas centrados, tan solo, en sus objetivos y que actúan sin escrúpulo alguno ante el daño o los perjuicios que ocasionan a sus víctimas y sin sentir temor, ni aprensión, ante las posibles consecuencias.

Currículums psicopáticos desde la infancia

Esa constelación egoísta, mendaz, violenta y cruel comienza a manifestarse en la infancia. Hay versiones de la PCL para adolescentes y para críos, aunque las medidas de insensibilidad y frialdad emotiva («*callousness*») son las que han ofrecido mayor utilidad para detectar esos ingredientes en las franjas más tiernas de edad. La peculiar frialdad emotiva y afectiva se combina con una total ausencia de culpa y remordimiento, una desconsideración sistemática hacia los sentimientos ajenos, falsedades reiteradas, accesos irascibles y violentos, desinterés por el trabajo escolar, aislamiento social y demostraciones emotivas extravagantes. Una manera de ser y de comportarse que no solo es el preámbulo de la tipología psicopática adulta más extendida, sino que es altamente heredable. Lo cual sugiere que la psicopatía puede ser, en buena medida, una anomalía que viene de fábrica.

Essi Viding, investigadora del University College de Londres, propuso el siguiente «caso robot» para ilustrar la trayectoria clínica y judicial prototípica de las criaturas que emprenden una larga carrera que las conducirá a la etiqueta de psicópatas al llegar a adultos:[198]

Mark era el segundo hijo de Lisa y Tom. Después de haber tenido un primer retoño sin esperarlo, Tom tuvo que abandonar sus estudios preuniversitarios y ponerse a trabajar en un almacén. La familia pasaba apuros económicos y Lisa estaba a menudo depresiva. Lisa recuerda que Mark fue siempre una criatura muy diferente a su hermana mayor, difícil de manejar, con gritos y rabietas muy frecuentes, y con una aparente incapacidad para retornar afecto a sus padres. No respondía a los intentos de interactuar o juguetear, mirando, a menudo, hacia otra parte cuando Lisa le hablaba. Se mostraba con frecuencia violento con otros niños, intentando lastimarlos cuando los mayores se distraían. Era también cruel con la mascota familiar y no se le podía dejar a solas con ella. Rompía deliberadamente los juguetes de su hermana y hubo muchas ocasiones en que la pegó y la mordió con severidad.

Parecía no tener miedo a nada y ser inmune a los castigos, como, por ejemplo, aislarlo por un tiempo en las escaleras o en el desván. Mostraba muy poca empatía hacia los demás y cuando se le pedía que imaginara el daño que había ocasionado, se quedaba inerte y mirando en blanco.

En la escuela primaria, los problemas de Mark fueron rápidamente en aumento y fue trasladado a un centro educativo para niños con problemas comportamentales. Su hermana, en cambio, progresaba muy bien en la escuela y tenía muchos amigos. En la adolescencia, la conducta de Mark en el instituto se caracterizó por las acciones agresivas, el acoso y chantaje a los compañeros, intimidaciones a los profesores y total ausencia de remordimiento por su conducta. Ninguna de las sanciones impuestas por los centros por donde pasó pareció tener efecto alguno sobre él. Comenzó, además, a acumular ausencias injustificadas y a los quince años ya había participado en diversos robos. Sus padres dejaron de tener la menor influencia sobre él y merodeaba con sus compinches, aunque no parecía tener amigos sólidos. Sus conocidos iban variando en función del provecho que podía extraer de ellos. A menudo los implicaba si lo pillaban en falta para intentar salvar su piel o atenuar su responsabilidad.

Poco después de cumplir los dieciocho años fue condenado, por primera vez, a reclusión carcelaria por un robo con violencia. Al salir de la prisión continuó con su carrera delictiva. No montó una familia, aunque tuvo un rosario de parejas, dos de las cuales quedaron preñadas. Mark no mostró el menor interés en ocuparse de las criaturas o en proporcionar ayuda económica. Se dedicó al tráfico de drogas, estuvo implicado en varias estafas y acabó en la cárcel, por segunda vez, por haber matado a un socio por un litigio sobre dinero.

Al llegar a adulto, el perfil de Mark fue sometido a un escrutinio sistemático por parte de los psicólogos de la cárcel. Dejaron escrito, en los informes, que Mark raramente expresaba culpa o remordimiento por haber matado a un amigo y que parecía incapaz de sentir empatía, mientras que disfrutaba cuando manipulaba a los demás. Registraron, además, su implicación en una considerable variedad de acciones criminales fuera y dentro de la prisión.

Aunque los rasgos psicopáticos de Mark se manifestaron con tonos diferentes en función de la edad, su conducta mostró de manera invariable a lo largo de toda su trayectoria una total falta de escrúpulos o de preocupaciones por el daño o los perjuicios ocasionados a los demás.

Ese retrato robot constituye una buena ilustración de que la psicopatía constituye una anomalía o peculiaridad madurativa que se caracteriza por disfunciones en el procesamiento afectivo y por una probabilidad incrementada de conductas violentas.[30] Ese es el perfil más característico de la trayectoria de los psicópatas que suelen acabar más pronto que tarde en prisión, aunque los hay también mucho más discretos y prudentes.

Para detectar adecuadamente los rasgos psicopáticos de acuerdo con los criterios de Hare (véase p. 41), se requiere una buena experiencia clínica y un entrenamiento en la administración de la PCL-R en sus distintas versiones. La ventaja de usar esas medidas es que gozan de un gran poder predictivo, sobre todo de la probabilidad de reiteración de conductas delictivas y antisociales futuras. Ya quedó dicho que, según datos procedentes de estudios en diversos países, España entre ellos, los porcentajes de población reclusa que cumple criterios de psicopatía oscilan entre el 15 y el 25 %, aunque esa subpoblación penitenciaria psicopática suele ser responsable de alrededor de un 50 % de los delitos violentos.

Diversos estudios efectuados con muestras representativas de la población norteamericana en las edades más proclives a la delincuencia y la conflictividad han establecido que los individuos que generan problemas policiales y judiciales, con asiduidad, se acercan, pero no sobrepasan, el 5 % del total del personal. Primero se obtuvo ese resultado en poblaciones jóvenes-maduras,[193] y luego se pudo extender hasta el segmento que va de los 12 a los 17 años.[194] Esos sondeos se efectuaron mediante entrevistas concertadas previamente a decenas de miles de individuos y con privacidad total y garantías para asegurar la solidez de las medidas. Las conductas diana que explorar eran el abuso de sustancias adictivas, los episodios violentos individuales o en grupo, los robos, los asaltos, la destrucción de propiedad ajena y el uso de armas.

Los porcentajes de conflictividad por sexos arrojaron un rotundo predominio de los varones, aunque en modo alguno apabullante: cerca de un 70 % de varones y algo más de un 30 % de chicas. En aquella bolsa del 5 % (sobre el global de la población) de adolescentes y jóvenes problemáticos y con posibilidades de consolidar una carrera delictiva,[127] cabría esperar que los psicópatas se acercasen también a la mitad, aunque eso no se ha estudiado todavía.

Si regresamos a las medidas de psicopatía, lo relevante es que los criterios de Hare permiten identificar a una gran parte de los delincuentes que incurrirán en la criminalidad más grave y frecuente.[84] Hay datos muy firmes sobre su capacidad para predecir la reincidencia posterior, la comisión de delitos violentos, el grado de conflictividad penitenciaria y la pobre respuesta a la reeducación y a la prevención.

Un buen diagnóstico de psicopatía mediante la PCL-R no tiene rival, por el momento, para predecir violencia y peligrosidad.[59, 189] Si se parte de ese diagnóstico con solvencia, la probabilidad de reincidencia delictiva después de salir de prisión aumenta de forma proporcional a la puntuación en esa escala. En hallazgos basados en metaanálisis de un conjunto de estudios, se constató que el primer año después de salir en libertad los psicópatas tenían una probabilidad de delinquir tres veces mayor que los no psicópatas, y en las formas violentas de delito esa probabilidad era cuatro veces mayor. En Suecia y en Inglaterra, se ha confirmado todo eso tanto para la reincidencia delictiva, en general, como para la criminalidad violenta. En muestras procedentes de centros psiquiátricos, se pudo comprobar que la psicopatía fue el mejor predictor de violencia futura entre otras 134 variables de riesgo.

La psicopatía se mantenía, además, como un robusto predictor de reincidencia después de controlar los efectos de andar en compañía con otros delincuentes, el abuso de sustancias adictivas, los arrestos vividos en el ámbito familiar, el estatus socioeconómico, la inteligencia, las ausencias escolares, las detenciones previas, la educación, la raza y la edad. Y mostró, asimismo, vinculaciones con rasgos que los tribunales de menores suelen tener muy en cuenta cuando evalúan posibilidades de internamiento o de instaurar un régimen de vigilancia: la peligrosidad y la sofisticación criminal en función de la edad.[59,60,189]

En un estudio efectuado con 3.687 pares de gemelos de unos 7 años de edad, se pudo estimar que un 67 % de la variabilidad en las medidas de insensibilidad emotiva («callosidad») correspondía a la influencia genética.[198] Cuando se combinaba eso con la conflictividad antisocial, la carga génica explicaba el 81 % de la variación en las conductas problemáticas. Estudios subsiguientes con chavales entre los nueve años de edad y el inicio de la pubertad, en esas series gemelares, indicaron que el 71 % de los problemas graves de comportamiento, en los chicos, y el 77 % en las chicas, podían ser asignados a influencias génicas.[197] El 80 % de la variabilidad en frialdad emotiva era, de hecho, heredada.[199] Hay que recordar, en este punto, que esas estimaciones requieren una correcta interpretación: así, cuando se ofrecen esas cifras de un 70-80 % de heredabilidad, ello no indica que un sujeto particular acarree ese riesgo génico de presentar el rasgo y menguadas posibilidades, por consiguiente, para la intervención correctora. Esa cifra solo significa que el 70-80 % de las diferencias en conflictividad se deben a la diversidad genética que acarrean los individuos de la muestra en su conjunto. Lo cual es, por supuesto, muy importante, aunque deja considerables márgenes para otras influencias y también para la intervención.

Hay abundantes datos, por último, que indican que la conducta de un 6 % de los delincuentes basta para explicar una gran mayoría de los delitos y que un 5 % de las familias concentra más de la mitad de los conflictos policiales y judiciales en todas partes.[199] Por lo tanto, debe concluirse que los hallazgos a favor de que existe un segmento de la ciudadanía que muestra unas inclinaciones y una creatividad destacada para perjudicar o dañar al prójimo son clamorosos. Esas habilidades comienzan a manifestarse, además, muy pronto: en la infancia tardía ya son plenamente detectables. Conviene acercarse, ahora, a la circuitería interna que está detrás de esos talentos.

4.
Cerebros morales y amorales

Desde que se inauguró la posibilidad de explorar, de manera inocua, el interior del cerebro de los psicópatas, se comenzaron a acumular hallazgos que iban en una dirección: en los mapas derivados mediante técnicas de neuroimagen, lo más habitual era encontrar singularidades zonales o un modo de funcionamiento peculiar de los circuitos cerebrales dedicados a calibrar y tomar decisiones con carga moral. Anomalías en la estructura o en las tareas específicas de las regiones y los sistemas del denominado «cerebro moral».[46,61,129]

La exploración sistemática de la mediación neural de las inclinaciones y las decisiones morales empezó hace unas dos décadas y lleva un ritmo magnífico. La neurología había arrinconado datos antiguos y muy sólidos sobre la cuestión, a pesar de haber constatado, reiteradamente, la aparición de defectos graves en el discernimiento moral como resultado de lesiones circunscritas o de anomalías madurativas o degenerativas en algunos lugares concretos del cerebro. Ese ámbito, el de las posibles bases neurales de las inclinaciones, los sentimientos y las nociones morales, fue marginado durante casi un siglo al haber desistido, neurólogos y psiquiatras, de continuar indagando sobre unos atributos considerados como problemáticos o socialmente delicados. Los arietes para reabrirlo tuvieron que ser la eclosión de las modernas técnicas de neuroimagen y el impulso de investigadores procedentes de otras tradiciones.[76, 128]

Uno de los procedimientos favoritos para acercarse a ese frente de pesquisas ha sido poner a voluntarios sanos ante dilemas morales hipotéticos que resolver, de manera acotada, durante las sesiones de escaneo del cerebro. Con ello se ha desbrozado ya un buen trecho del camino para discernir las regiones neurales que participan en la toma de decisiones que afectan a los intereses de los demás o a valores morales básicos.[46,128] Los hallazgos han permitido identificar estructuras y circuitos que modulan, de manera preferente, las reacciones emotivas (sensibilidad moral) y la ideación ponderadora (reflexión moral), que está al servicio de las decisiones vitales comprometidas, tanto de manera genérica como para múltiples variedades de las conductas cooperadoras, compasivas y sacrificadas o para las que acaban en sanciones moralizantes. Las comparaciones han podido hacerse también con individuos seleccionados en función de una mayor o menor habilidad para el razonamiento moral[152] y distinguiendo, asimismo, entre talantes prosociales o antisociales acentuados.[10,48]

Idiocia moral: de las criaturas a los adultos

La noción de que pudiera haber anomalías neurológicas de-trás de algunas tendencias antisociales muy marcadas ganó predicamento a partir de la descripción de casos clínicos con lesiones cerebrales sufridas durante la primera infancia que resultaron en síndromes parecidos a los de la psicopatía de los adultos. Un equipo liderado por Antonio y Hanna Damasio[8] detalló las consecuencias de las lesiones prefron-tales circunscritas sufridas por una niña y un niño, antes de los ocho meses de edad, que produjeron trastornos severos y muy precoces del comportamiento en casa y en la escuela, a pesar de mostrar una maduración motora, sensorial y ver-bal sin tacha alguna y de que su rendimiento cognitivo y es-colar fue plenamente normal. Ambos casos pudieron cul-minar con éxito la educación secundaria, aunque a lo largo de la adolescencia habían acumulado ya una amplia trayec-toria de incidentes por conductas problemáticas y violentas, con un rosario de acciones ilegales y detenciones, además de comportamientos promiscuos, mostrando siempre una total ausencia de culpa o de remordimiento por sus actos.

En una batería de pruebas neuropsicológicas que se les pasó alrededor de los veinte años, el único déficit cognitivo fue la merma en la capacidad para planificar por anticipado y en hacer previsiones prudentes de futuro: ambos sujetos cometían errores obvios, en ese aspecto, debido a una impul-sividad acentuada. De todos modos, la mayor diferencia con los jóvenes normativos de su edad apareció cuando tuvieron que efectuar elecciones morales para solventar dilemas hipotéticos con carga ética: en esas circunstancias optaban por opciones ostentosamente egoístas o fríamente utilitarias, sin prestar la menor atención al daño o perjuicio que pudieran acarrear. Otro caso clínico con una anomalía neural grave en las mismas regiones del cerebro –una hipertrofia congénita en la zona de la corteza prefrontal ventromedial, con extensión de tejido anómalo hacia la amígdala y otras zonas temporales adyacentes– presentó un patrón muy parecido de alteraciones:[34] comportamiento violento y antisocial recurrente a lo largo del crecimiento infantil y adolescente, sin déficits cognitivos apreciables, además del rasgo temperamental de una ausencia total de compasión, culpa o remordimiento por sus acciones lesivas.

Dos décadas de estudios de neuroimagen han establecido, en personas normales, que las regiones orbitofrontales y ventromediales de la corteza prefrontal desempeñan un papel clave en las decisiones y elecciones que llevan carga moral. Otras regiones del cerebro tales como la amígdala, la circunvolución temporal superior, la corteza cingulada posterior, la ínsula anterior y las circunvoluciones angulares (figura 2, p. 55) tienen también un rol activo en las decisiones morales difíciles (por acarrear intensa carga emotiva o por fuerte implicación personal), aunque aquellas zonas mediales y basales de la corteza prefrontal son particularmente decisivas.[10, 29,129,156] Por lo tanto, las mismas regiones que, en sujetos normales, modulan las reacciones de compasión y precaución moral son las que muestran alteraciones más ostentosas en los ni-

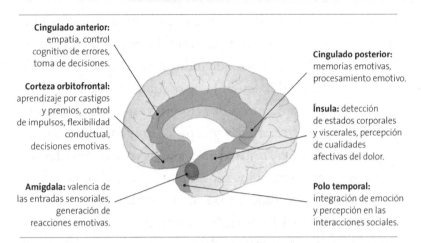

Cingulado anterior: empatía, control cognitivo de errores, toma de decisiones.

Corteza orbitofrontal: aprendizaje por castigos y premios, control de impulsos, flexibilidad conductual, decisiones emotivas.

Amígdala: valencia de las entradas sensoriales, generación de reacciones emotivas.

Cingulado posterior: memorias emotivas, procesamiento emotivo.

Ínsula: detección de estados corporales y viscerales, percepción de cualidades afectivas del dolor.

Polo temporal: integración de emoción y percepción en las interacciones sociales.

Figura 2. Regiones paralímbicas del cerebro y el síndrome psicopático. En ese grupo de estructuras neurales que forman una especie de herradura, en las profundidades del cerebro, reside una red cuya labor u organización peculiar puede acompañar a la psicopatía. Son zonas que se encargan de registrar sentimientos y de otorgar valencia afectiva a las experiencias vitales. Intervienen, asimismo, en la toma de decisiones y en el control de impulsos. Las lesiones en ese sistema suelen dar cuadros psicopáticos y los estudios de neuroimagen funcional revelan singularidades en su configuración y funcionamiento. [Modificada a partir de Kiehl y Buckholtz, 2010. En la figura 3 (p. 68) también se pueden apreciar algunas de esas regiones del cerebro.[103]

ños con lesiones tempranas en esa parte del cerebro. Esas criaturas acarrean déficits permanentes en los procesos de la maduración neural adecuada y en la organización de los circuitos dedicados a captar, procesar y dar la valencia pertinente a las señales indicativas del daño ocasionado a los demás.

Los psicópatas ordinarios o espontáneos **NO** tienen lesiones, malformaciones o anomalías diagnosticables de manera firme e incuestionable en esas regiones del cerebro (figura 2). Este es un dato que conviene tener muy presente. Sin embargo, la investigación, tanto con psicópatas encarcelados como con los que gozan de libertad, ha reunido una considerable cantidad de datos que indican que, en la mayoría de ellos, hay singularidades en la estructura, la interconectividad y el funcionamiento de los circuitos antes mencionados: es decir, las redes cerebrales que procesan y modulan las nociones sobre límites, restricciones y obligaciones morales, así como las reacciones y los sentimientos ante el daño ajeno.

Tales hallazgos comenzaron con un estudio[155] que detectó una reducción del 11 % de la materia gris prefrontal en 21 adultos con un diagnóstico de trastorno de la personalidad antisocial, en comparación con controles normales, adictos adultos y pacientes con otros diagnósticos psiquiátricos. Esos psicópatas también mostraron una notable falta de la activación emotiva (medida con la respuesta electrodermal y la frecuencia cardíaca) durante una sesión de escrutinio social exigente en que se les pidió que detallaran sus crímenes ante una audiencia. Estos resultados convergen con otros muchos en los que, en condiciones de estrés emotivo intenso, los psicópatas muestran una peculiar frialdad en las medidas electrofisiológicas, en las variaciones hormonales o en las reacciones de sobresalto.[28,93,156,194] Además, los hallazgos sobre diferencias en densidad de materia gris cortical (en las regiones prefrontales, sobre todo), así como algunas singularidades estructurales en los volúmenes de las amígdalas cerebrales, han sido confirmados en muestras de psicópatas de diferentes países y a través de métodos progresivamente más refinados.[31]

El gélido utilitarismo de los psicópatas

En otro estudio neurológico del equipo de los Damasio[106] presentaron versiones hipotéticas de dilemas morales a seis pacientes adultos con daños en la corteza prefrontal ventromedial (PFVMc). Cada tarea requería elegir si aprobaban llevar a cabo una acción que podría salvar muchas vidas matando a alguien. Esos dilemas variaron tanto en el grado de implicación personal (por ejemplo, tener que activar un interruptor o arrojar a un desconocido desde un puente), como en la utilidad del resultado alcanzado (número de vidas salvadas). Se compararon las respuestas de los pacientes con las de individuos normales y con pacientes con otras lesiones cerebrales. Los participantes con otras lesiones cerebrales no estaban dispuestos a respaldar actos con implicación personal, incluso cuando esas decisiones permitían salvar muchas vidas. Los pacientes con lesiones en PFVMc, en cambio, mostraron determinación para llevar a cabo tales actos fríamente utilitarios. Además, los individuos con lesiones PFVMc aplicaban esos criterios descarnados no solo cuando había que distinguir sobre efectos dañinos y sus consecuencias, sino a la hora de diferenciar entre las intenciones dañinas y las benignas.[207] Eso sugiere que una corteza cerebral PFVMc intacta sesga el grado de implicación personal y el tipo de opciones plausibles en el razonamiento moral. Los psicópatas tienden a responder a ese tipo de dilemas morales como utilitaristas fríos e insensibles, aunque no siempre.

Un equipo liderado por Jesús Pujol en el Hospital del Mar barcelonés se acercó a la descripción pormenorizada de ello mediante un estudio de neuroimagen en 22 criminales violentos encarcelados en una prisión de alta seguridad en Lérida para delincuentes varones. Los sujetos tenían que tomar decisiones en 24 de esos dilemas hipotéticos que consistían en variaciones sobre sacrificar una vida humana para salvar otras o matar, mentir o filtrar información privada para conseguir un beneficio personal.[154] Sus calificaciones psicopáticas eran altas, 15 cumplían condena por asesinato y todos ellos estaban en prisión por agresiones violentas. En la mayoría de los dilemas morales, sin embargo, esos psicópatas y los individuos normales que sirvieron como controles proporcionaron respuestas similares. Solo en dos de esos 24 dilemas los psicópatas se diferenciaron de los controles en la proporción de respuestas dañinas: 57,1 % de los reclusos violentos (frente al 13,6 % de los controles) se mostró dispuesto a sacrificar una persona en perfecto estado de salud para obtener así cinco órganos con los que salvar la vida de cinco pacientes graves que necesitaban trasplantes urgentes; además, el 31,8 % de los psicópatas (frente al 0 % de los controles) respondió afirmativamente a la propuesta de arrojar al vacío desde la azotea de un edificio a un empresario despreciable para deshacerse de él y mejorar así la vida de sus subordinados. En otras dos elecciones la diferencia entre psicópatas y controles se acercó al umbral distintivo: la primera implicaba liquidar a un muchacho malherido tras un accidente de avión en unas montañas remotas para alimentarse de sus restos y así poder sobrevivir, la segunda requería matar a una persona vieja y muy enferma para cobrar así el dinero de una póliza del seguro de vida con fecha inmediata de caducidad. Cabe señalar, sin embargo, que la brecha entre los criminales y los controles fue siempre en la misma dirección: los psicópatas fueron siempre más propensos a apoyar acciones que eran gravosas para los demás y beneficiosas para ellos mismos.

Aunque los déficits en el discernimiento moral puedan llevar a considerar la carga de la culpa de una manera especial en la psicopatía, los hallazgos de este último estudio muestran que, en todos esos dilemas, los psicópatas ponderan las consecuencias de sus decisiones con unos pesos y sesgos bastante cercanos a los de los controles normales. Solo se detectaron diferencias en una minoría de los psicópatas, y eran siempre de grado. Otros estudios que han usado dilemas parecidos han mostrado que los psicópatas pueden distinguir adecuadamente entre el bien y el mal, aunque no se preocupan, en absoluto, por las consecuencias perjudiciales de sus decisiones.[48] Sin embargo, cuando se trata de psicópatas con puntuaciones en los niveles más altos de las escalas diagnósticas y con ausencia de rasgos ansiosos o temerosos, la violación de las normas y la transgresión moral es sistemática en esos mismos escenarios.[107,108] Por lo tanto, el asunto sigue sin estar resuelto y la aserción de que los psicópatas desconocen que sus actos son moralmente erróneos continúa siendo controvertida.

Insensibilidad ante el daño

Es cierto, sin embargo, que tienen una menor reacción de sobresalto y unas variaciones vegetativas (la conductancia de la piel, el ritmo cardiaco) atenuadas ante imágenes de personas gravemente heridas o mutiladas.[114] Quizás ese tipo de carencia de sintonía emotiva ante el sufrimiento de los demás pueda dificultar su capacidad para apreciar el daño que ellos mismos infligen. Esa menor reactividad fisiológica y afectiva ante diversos indicios de sufrimiento o de miedo ajeno han sido documentados muchas veces y son notorios en los jóvenes crueles e insensibles que acarrean rasgos psicopáticos desde la infancia.[27,28]

De todos modos, el grado de respuesta empática de los psicópatas ante las experiencias o los sentimientos ajenos no se había investigado, de una manera directa, hasta que el equipo liderado por Christian Keysers, en los Países Bajos, ideó una manera de hacerlo.[123] Grabaron vídeos cortos donde se veía una mano inductora y otra receptora que establecían diferentes contactos reconocibles con facilidad: un contacto afectuoso, uno hiriente mediante una maniobra dolorosa, uno de rechazo abrupto y otro totalmente neutral. Consiguieron que veinte psicópatas de un centro para reclusos con alteraciones mentales pasaran por una sesión de escaneo en un equipo de fMRI y compararon las activaciones que se registraban en su cerebro ante diferentes situaciones con las de una veintena de individuos normativos y equiparados por edad, educación y otros atributos sociodemográficos con los reclusos. Las situaciones se presentaron de acuerdo con el siguiente orden: 1) «Observación»: los participantes tuvieron que contemplar, de forma pasiva, los vídeos con diferentes modos de contacto manual; 2) «Empatización»: se les pedía, según los casos, que adoptaran la perspectiva de imaginar lo que sentía la mano que aparecía como la receptora del contacto o como la inductora, y 3) «Experiencia»: recibieron esos tipos de contacto de manera real, en cada una de sus dos manos, por parte de una de las investigadoras del equipo, para tener así una línea de base para comparar en los propios sujetos. Los resultados mostraron que los psicópatas tienen, realmente, un déficit de activación empática ante la visión de un contacto manual cuando contemplan esa escena como espectadores distanciados. La reducción de activación «empática» se daba en todos los territorios cerebrales donde cabía esperarla: desde las cortezas sensoriales y las premotoras que siguen y aprecian el tacto y el movimiento, hasta los territorios insulares y cingulados (figura 2, p. 55) que suelen registrar componentes emotivos y afectivos de la empatía. Aquella reducción se dio, además, sin diferencias entre las tres vivencias estudiadas: afecto, dolor y rechazo en el contacto manual. Pero cuando se les pidió que activaran la perspectiva empática imaginando lo que sentía la mano receptora o la inductora (y comparando tan solo dolor y afecto), las diferencias con los controles normales se atenuaron mucho. Se concluyó, por consiguiente, que lo que falla en el cerebro psicopático es la activación espontánea de la reacción empática al observar, de forma pasiva, las vivencias sociales ajenas, aunque hay margen para inducirla y activarla si se consigue dirigir su atención hacia ella.

Son hallazgos estupendos que desvelan, además, rutas para una diferenciación precisa de los ingredientes de las reacciones empáticas y sus influencias en la germinación, adecuada o inadecuada, de los sentimientos morales. Incluso apuntan a introducir posibles intervenciones para corregir deficiencias. Hay que tener en cuenta, en cualquier caso, que son resultados primerizos y que solo se estudió la reacción ante escenas de interacción táctil. Porque la apreciación, más o menos certera, y la desazón o el distanciamiento ante lo que sienten los demás se produce en el cerebro atendiendo a muchos otros tipos de señales.

¿Marcadores neurales de psicopatía?

La posibilidad de dar con vínculos causales entre las anomalías en todas esas regiones prefrontales y paralímbicas del cerebro que se encargan de modular las conductas lesivas o abusivas ha mejorado gracias a hallazgos de diversos frentes concordantes. Así, las lesiones traumáticas en esas zonas y circuitos cerebrales en individuos que eran plenamente normativos antes del incidente provocan la aparición de conductas conflictivas o dañinas graves. Se detectaron en su día, por ejemplo, niveles anómalos de agresividad cotidiana en los veteranos de la guerra del Vietnam que habían sufrido heridas penetrantes en esas regiones del cerebro. Y un caso clínico muy singular permitió deslindar que un tumor neural benigno en la región orbitofrontal desencadenó episodios de abusos pedófilos en el ámbito de la intimidad familiar por parte de un padre adoptivo. Abusos que cedieron del todo al extirpar el tumor. Al cabo de un tiempo, sin embargo, esos abusos regresaron de nuevo: se detectó entonces que el tumor se había reproducido y con la consiguiente extirpación definitiva desaparecieron del todo.[43]

Los déficits en volumen y funcionalidad en zonas de las amígdalas cerebrales, por otro lado, ayudan a distinguir entre tipologías de la criminalidad.[142] Los adultos y jóvenes con esas anomalías y que tienen unas reacciones más frías y distanciadas ante los signos de padecimiento ajeno son los que suelen practicar agresiones calculadas y estrictamente instrumentales, mientras que los individuos que tienden a la violencia reactiva y a las agresiones más impulsivas muestran una función amigdalar incrementada. La reducción del volumen de las amígdalas cerebrales en los psicópatas se ha localizado, por cierto, en los núcleos basolaterales, laterales y centrales de esos territorios cerebrales: son regiones implicadas en el aprendizaje del miedo y el disparo de reacciones vegetativas ante estímulos emotivos intensos, con especializaciones que habrá que dilucidar.[122] Los pacientes con lesiones amigdalares selectivas tienen, a su vez, mucha menos noción de peligro, son mucho menos temerosos y muestran asimismo déficits en el reconocimiento de señales afectivas.

Hay incluso estudios longitudinales que vinculan las lesiones cerebrales con el incremento de la conducta criminal. En un trabajo de seguimiento sanitario de 231.129 sujetos, en Suecia, se encontró un incremento de hasta tres veces en los porcentajes de criminalidad en los individuos que habían sufrido algún tipo de trauma craneoencefálico, una vez descartado cualquier otro tipo de factor. Y otro estudio de características similares, en Finlandia, siguiendo a miles de casos a lo largo de la infancia y la adolescencia, detectó una probabilidad 1,6 veces mayor de criminalidad entre aquellos que habían sufrido accidentes con traumas craneoencefálicos.[72]

Además de todo eso, la combinación de métodos de neuroimagen que miden los haces de sustancia blanca que interconectan las áreas cerebrales entre sí, junto a las variaciones de señal que proporciona la resonancia magnética funcional (fMRI) al registrar la actividad de esas áreas diana, ha permitido obtener datos que acercan la posibilidad de identificar sellos neurales de la psicopatía. En un trabajo pionero[133] se encontró que las conexiones de la corteza prefrontal ventral (PFVC) con la amígdala y las zonas adyacentes del lóbulo temporal a través del fascículo uncinado son menores en los psicópatas, sobre todo en el hemisferio derecho. Ese haz de sustancia blanca es el vector de interconexión más importante entre los territorios prefrontales del cerebro y las zonas más anteriores de lóbulo temporal. El resultado fue corroborado en varios laboratorios, aunque con muestras restringidas. En el estudio más ambicioso llevado a cabo hasta ahora se ha confirmado, de nuevo, esa mengua en la conectividad a través del uncinado derecho en la psicopatía, trabajando en una muestra de 147 reclusos:[203] los resultados fueron robustos en el análisis de toda la muestra y también al comparar los 50 reclusos que superaban con claridad el umbral diagnóstico de psicopatía con otros 50 que quedaban lejos de él. La vinculación era más fuerte para los rasgos de frialdad, manipulación y ventajismo interpersonal que para la conducta antisocial propiamente dicha.

También está reducida la conectividad de PFVC con varias regiones del cerebro posterior (el precuneus, las zonas parietales mediales y el cingulado), que forman, conjuntamente, el «sistema o red cerebral de procesamiento por defecto». Esos datos han sido confirmados, asimismo, por otros equipos.[154] Por otro lado, el adelgazamiento de la franja de materia gris en el cerebro en varias áreas corticales ha sido confirmado, en psicópatas, con solidez[116] y en algunos casos clínicos se han detectado anomalías del desarrollo neurológico.[157]

Por lo tanto, la posibilidad de avanzar hacia diagnósticos neurales individualizados para algunos hombres y mujeres psicópatas podría convertirse en una realidad.[167] De hecho, la sofisticación de los estudios dedicados a atrapar los ingredientes neurales de la psicopatía ha aumentado de forma espectacular. Uno de los responsables de ese mapeo cada vez más incisivo y detallado es Kent Khiel,[102] quien se ha pasado los últimos años visitando cárceles con su equipo móvil de fMRI, a lo largo y a lo ancho de Estados Unidos, para reclutar a prisioneros psicópatas y no psicópatas sometiéndolos a escaneos de resonancia magnética con la intención de obtener muestras lo suficientemente amplias. En uno de esos estudios[206] consiguió reclutar a 88 prisioneros a quienes dividió, para compararlos entre sí, entre los que puntuaban alto en la escala PCL-R (>30) y los que puntuaban bajo (<20). En lugar de plantearles dilemas morales presentó una batería de escenas visuales que implicaban daño o ayuda a desconocidos para que los reclusos las contemplaran y evaluaran mientras se les escaneaba el cerebro. En algunas de esas escenas se les pedía que respondieran a elementos meramente circunstanciales («¿Sucedía en el interior o en el exterior?», por ejemplo), con el ingrediente moral implícito; mientras que en otras se les interrogaba, explícitamente, sobre la carga moral de la escena («¿Estaba bien o mal lo que se ha visto?»).

Durante la evaluación moral explícita, la psicopatía se caracterizó por una clara mengua de actividad neural en territorios encargados de otorgar valencia emotivo/afectiva a las situaciones: en las amígdalas y el cingulado anterior, sobre todo. Al analizar los perfiles de conectividad funcional entre ellas, apareció un nexo potente, en el hemisferio cerebral derecho, entre la amígdala y la encrucijada temporoparietal con el cingulado anterior (figura 2, p. 55). En cambio, cuando se contemplaron escenas con carga moral implícita, la psicopatía se asoció a un menor trabajo de corteza prefrontal dorsolateral (dlPFC) y a una menor conectividad, asimismo, en aquel nexo entre la amígdala y la encrucijada temporoparietal derechas con el cingulado, la ínsula y zonas de la corteza prefrontal medial (vmPFC). En conjunto, por tanto, surgió un panorama que, además de coincidir con hallazgos de estudios anteriores, alumbró patrones de interconectividad totalmente nuevos (figura 2, p. 55). Y reforzó, de paso, el rol de ambas amígdalas y de las encrucijadas temporoparietales para la correcta caracterización de los psicópatas.

La psicopatía ante la justicia

Los marcadores cerebrales o el funcionamiento singular de algunas redes neurales en la mente psicopática, si pudieran predecir los comportamientos violentos, crueles, morbosos o ventajistas, podrían ser utilizados para otorgar un diagnóstico válido a delincuentes inmersos en una acusación judicial. Esos diagnósticos podrían, a su vez, constituir la base para sustentar qué acusados son elegibles para una posible defensa por razones de incapacidad mental, siempre y cuando se pudiera demostrar que son incapaces de apreciar distinciones entre el bien y el mal. Todo ello, por supuesto, en los casos en que esa incapacidad fuera legalmente suficiente ante la jurisdicción correspondiente. Aunque hay que subrayar, de inmediato, que la cuestión sigue siendo muy intrincada y altamente discutible.[1,2]

Cuando los psicópatas incurren en errores morales a menudo muestran confusión acerca de aquello que hace que un acto esté mal y sobre qué significa equivocarse en las propias acciones. Y dada su conocida capacidad para

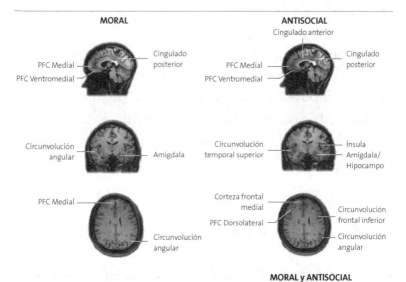

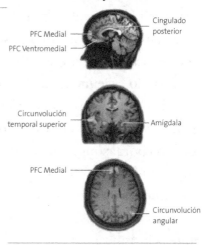

Figura 3. Estructuras cerebrales que conforman la «conjetura neuromoral» de la psicopatía. En la **primera columna (moral)** de imágenes de resonancia magnética (MRI) del cerebro, se ilustran las regiones neurales que intervienen, de manera decisiva, en las decisiones morales: son zonas de la corteza prefrontal medial (mPFC) y ventromedial (vPFC), las dos amígdalas, el cingulado posterior y zonas de la circunvolución angular en ambos hemisferios. La **segunda columna (antisocial)** ilustra las regiones donde hay disfunciones en delincuentes o en individuos con altas puntuaciones de psicopatía. La **tercera columna (moral y antisocial)** recoge las coincidencias zonales entre esas dos columnas previas. Eso es lo que permite sostener la «*conjetura neuromoral*» para el origen de la psicopatía y la propensión antisocial-criminal: al haber disrupciones en el procesamiento de las emociones morales y de las decisiones que arrancan de ellas, ahí nacería la proclividad a las conductas dañinas para el prójimo. Eso es también lo que sustenta el vivo debate sobre la responsabilidad en la psicopatía: hay pocas dudas de que los psicópatas pueden distinguir entre el bien y el mal, pero persiste el enigma sobre si acceden de manera adecuada a los sentimientos asociados a lo que está bien y lo que está mal. (Modificada a partir de Glenn y Raine, 2014.)[72]

persuadir, engañar y manipular, los psicópatas podrían llegar incluso a beneficiarse de su habilidad para guarecerse bajo las nociones intrincadas de equivocación moral o de maldad. A este respecto, los estudios de Blair[26,27,28] han mostrado que los psicópatas no distinguen adecuadamente entre la violación de las normas morales y la transgresión de las reglas sociales convencionales, con una tendencia a considerar esas últimas, las faltas convencionales, como transgresiones morales. Sin embargo, los estudios sobre dilemas morales han sido incapaces de resolver ese problema y es importante tener presente que la mayoría de las investigaciones de neuroimagen se basan en resultados de un grupo más o menos amplio de sujetos y, muy raramente, en medidas para un solo individuo.[63,106] La figura 3 de la página 68 ofrece otro resumen ilustrativo de la «conjetura neuromoral» de la psicopatía, con indicación de los principales territorios cerebrales implicados.

Emotividad disfuncional: indicadores fisiológicos de psicopatía

Además de las peculiaridades en algunas zonas neurales y en las tareas que ejecuta el cerebro moral, los psicópatas presentan otras distinciones que ayudan a redondear su caracterización. En el procesamiento de las señales afectivo-emotivas durante las interacciones sociales muestran perfiles muy curiosos. Ahí viene un resumen de esos hallazgos, que proceden de múltiples pruebas de laboratorio y también de observaciones en contextos diversos:

- Respuestas fisiológicas disminuidas (cardíacas, electrodermales, de sobresalto) ante las señales de dolor y sufrimiento ajeno, y también ante los avisos de peligro para uno mismo. Tienen, además, un umbral para el dolor o la repugnancia elevado: toleran intensidades altas sin inmutarse.
- Problemas para captar y reconocer las expresiones emotivas de los demás de un modo selectivo: déficits para las expresiones de miedo, tristeza y alegría en el rostro o en el habla de los demás, aunque sus radares para la detección de las expresiones de ira, el asco o el desprecio permanezcan intactos.
- Deterioro del aprendizaje aversivo: les cuesta vincular las señales o los avisos de peligro con las experiencias desagradables (por ejemplo, una descarga eléctrica dolorosa o una sanción económica), y una vez establecida la asociación, les cuesta desaprenderla si la señal ha virado y ya no predice peligro.
- Decisiones económicas distintivas: rechazan las ofertas poco equitativas en los juegos económicos, aunque impliquen pérdidas netas en ganancia monetaria. Les cuesta, asimismo, cambiar de estrategia cuando han emprendido una ruta opcional, aunque ello les lleve a pérdidas cuando las circunstancias cambian.

Todas esas características cursan junto a los sesgos en las decisiones morales que acabamos de ver: aceptan incurrir, sin dudarlo, en conductas que inducen un daño muy grave o un perjuicio obvio y severo, mientras que a menudo no aceptan una transgresión cuando lo que se vulnera son normas convencionales o que afectan a las costumbres sexuales, religiosas o de hábitos higiénicos.

Se ha intentado explicar esa constelación sugiriendo que los psicópatas acarrean problemas en los sistemas neurales de castigo, pero no así en los de gratificación. Pero eso, por fuerza, debe ser incorrecto, ya que el castigo los lleva a cambiar conductas con bastante rapidez, sin diferenciarse de las demás personas en ese aspecto. Puede que todo ese conjunto de rasgos afectivos y atencionales tenga relación con la regulación de diversos marcadores fisiológicos periféricos, vinculados con la reactividad emotiva, que se sabe que son especiales en psicópatas desde hace décadas.

Así, el ritmo cardíaco basal lento o muy lento es el índice fisiológico más vinculado a la presencia de conductas antisociales y de agresividad reactiva o instrumental a lo largo de toda la vida. Hay datos de estudios longitudinales que van desde la infancia y la adolescencia hasta la juventud y la madurez bien asentada que confirman esa relación negativa: cuanto menor es el ritmo cardíaco espontáneo, mayor la propensión antisocial y delictiva.[72] Un bajo ritmo cardíaco es, por cierto, un indicador de poco miedo o nula aprensión ante las circunstancias más comprometidas. Como consecuencia de ello, hay una menor capacidad de experimentar sensaciones desagradables al cometer actos delictivos.

Hay otros marcadores de baja activación fisiológica en reposo o en circunstancias exigentes, como la reactividad electrodermal disminuida, una menor respuesta de sobresalto, el predominio de ondas electroencefalográficas de baja frecuencia en reposo y de algunos componentes de los potenciales evocados, que también se asocian, con consistencia, a la conflictividad presente y futura.[72]

La difícil instauración de reacciones de temor aprendido –la habilidad de asociar señales neutras con los estímulos peligrosos– es otro rasgo característico que predice tanto la criminalidad en los adultos como la delincuencia juvenil o las conductas conflictivas en criaturas y adolescentes. Hay estudios longitudinales que conectan un grado deficiente de esa modalidad de aprendizaje aversivo en la primera infancia con la probabilidad delictiva más allá, incluso, de la cuarta década de la vida. Cuando eso se analiza mediante técnicas de neuroimagen, se ha detectado un funcionamiento distintivo en las regiones cerebrales implicadas en la circuitería del miedo. En conjunto, por tanto, el arsenal de test diagnósticos y pruebas de laboratorio para detectar y afinar, con considerable precisión, en la caracterización de la psicopatía comienza a ser importante.

5.
Genética de la malicia

Jeffrey Landrigan fue adoptado poco después de nacer por una familia intachable de profesionales de clase media. Desde el principio creó problemas y dificultades inacabables. Comenzaron antes de los dos años con rabietas incoercibles, a los 10 años ya abusaba del alcohol, fue detenido por robo a los 11 años y el abuso de drogas adictivas se prolongó a lo largo de toda la adolescencia, hasta cometer el primer asesinato a los 20 años. Después de escapar de la cárcel cometió un segundo asesinato y fue sentenciado a muerte. Mientras estaba en el corredor de la muerte en Arizona, un recluso de otra celda detectó un parecido físico muy notable entre Landrigan y Darret Hill, un prisionero al que había conocido en otro corredor de la muerte, en Arkansas. Resultó que Hill era el padre biológico de Landrigan, un padre a quien no había conocido.

Darret Hill también había culminado una larga carrera criminal, con abuso de sustancias y dos asesinatos. El padre de Hill y abuelo de Landrigan también pasó por diversas cárceles hasta ser abatido por la policía en una refriega, durante un intento de robo. El bisabuelo de Landrigan fue un renombrado contrabandista. Hill solo vio brevemente a Landrigan en una ocasión, cuando escondió dos revólveres y frascos del narcótico Demerol en el colchón de su cuna, una acción profética sobre el futuro adictivo y violento de su hijo.

Como miembro de una estirpe de delincuentes que perduró a lo largo de cuatro generaciones, Landrigan constituye un ejemplo de la transmisión intergeneracional de la propensión violenta. Puede ilustrar también sobre cómo los estudios de seguimiento de criaturas adoptadas permiten deslindar los efectos de los padres biológicos respecto de las influencias ambientales y de las familias de adopción. Hay hallazgos basados en comparar a 43.243 criaturas adoptadas con 1.258. 826 no adoptadas que confirman que tener un progenitor biológico violento incrementa la probabilidad de violencia delictiva en los hijos. Junto a los estudios genéticos propiamente dichos, esos hallazgos ilustran la fuerte carga hereditaria de la propensión criminal.[72]

A. L. GLENN Y A. RAINE, 2014

En un ensayo dedicado a analizar las interacciones crecientes que están germinando entre la neurobiología y los profesionales de la justicia, Adrian Raine, uno de los mayores expertos en psicobiología de la criminalidad, destacaba el caso criminal que abre este capítulo.[72]

Era una reseña muy sucinta de la carrera criminal de Jeffrey Landrigan, un individuo que coleccionó incidentes variados y truculencias múltiples hasta acabar en el corredor de la muerte. La pena capital fue finalmente ejecutada el 26 de octubre de 2010, en Arizona, mediante una inyección letal que cerró un proceso que tuvo una considerable repercusión en Estados Unidos. Landrigan murió ante la presencia de su madre adoptiva y varios conocidos que se habían reunido en el pequeño anfiteatro para testigos y acompañantes de la sala de ejecuciones del penal.

El caso Landrigan ilustra una secuencia vital que los criminólogos conocen y debaten, con apasionamiento, desde hace dos siglos: la reiteración, en algunas estirpes familiares, de extensos y variados currículums criminales. La continuidad de la propensión antisocial y delictiva a pesar, incluso, de que se haya vivido una infancia y adolescencia en entornos familiares y educativos óptimos.[82]

Genes, criminalidad y psicopatía

Los resultados del grueso de estudios de genética comportamental en muchos países y mediante distintos procedimientos –comparaciones de amplias series de gemelos y mellizos, criados juntos o por separado, o estudios de adopción a gran escala para contrastar la influencia de los padres biológicos respecto de los adoptivos– han permitido llegar a la conclusión de que la propensión a la criminalidad tiene una notoria carga genética. Las estimaciones de conjunto dan un abanico de un 40-60 % de influencia hereditaria, de tipo génico, para la proclividad antisocial. Eso va así para todas las etnias estudiadas y también para los dos sexos. En los estudios más exhaustivos sobre la robustez de esas estimaciones de la carga génica, medida por los patrones de concordancia o discordancia entre gemelos y mellizos a largo plazo, el temperamento antisocial está entre los rasgos con una consistencia mayor.[151]

Se han llevado a cabo también muchas prospecciones dedicadas a tratar de identificar genes específicos que puedan explicar parte de esa carga hereditaria. Se han detectado múltiples variantes génicas que cumplen con ese requisito, aunque la variabilidad en la propensión criminal que puede asignarse a cada una de ellas sea muy pequeña. Hay, no obstante, algunos genes que han acaparado mucho interés durante las últimas décadas y se han convertido en protagonistas destacados en relación con la propensión antisocial y violenta. El más conocido de todos ellos, el gen MAO-A, ha irrumpido incluso en los tribunales de justicia con una cierta asiduidad.[19]

El gen MAO-A

Se trata de un segmento del cromosoma X que prescribe la producción de la versión A de la monoamino oxidasa, una enzima que tiene un papel destacado en el metabolismo de diversos neurotransmisores en las sinapsis cerebrales, los lugares de intercomunicación entre las neuronas. Si ese fermento no hace su trabajo, la regulación fina de la función de la serotonina en el cerebro se desmorona y también se afectan, aunque en menor medida, las tareas de la noradrenalina y la dopamina. El gen MAO-A ganó prominencia porque a principios de la década de 1990 un grupo de internistas y genetistas del Hospital Universitario de Utrecht detectó, con total seguridad, que era el responsable de un cuadro clínico que presentaban los varones de una familia neerlandesa y que cursaba con una ligera discapacidad intelectual acompañada de violencia desmedida y múltiple (doméstica, violaciones, asaltos e incendios). Unos episodios de violencia que los habían conducido, en varios casos, a la prisión. Se comprobó que esos varones sufrían una mutación puntual (un cambio de una sola letra química del ADN) en el segmento prescriptor de esa enzima, de manera que nacían sin producir MAO-A y el cerebro crecía y se organizaba sin disponer de ella. El resultado de esa carencia total, a lo largo de la vida, era un colapso de la función serotonérgica. Cuando la serotonina trabaja en los territorios neurales de la agresividad, actúa como un freno eficaz: demora las descargas impulsivas y atenúa las reacciones violentas. De ahí que aquellos neerlandeses repitieran los brotes de violencia exacerbada.

El hallazgo tuvo una gran repercusión, en la época, porque fue la primera ocasión en que se pudo vincular un déficit genético específico con una alteración comportamental y cognitiva concreta. Los resultados, además, eran plenamente concordantes con dos hechos bien conocidos: 1) la gente normativa que tiene índices bajos de MAO-A en las plaquetas sanguíneas suele ser más impulsiva e irreflexiva, y 2) los medicamentos que se usan para controlar los brotes agresivos suelen aumentar la función de la serotonina. Por consiguiente, quedó redondeada una historia que iba desde el escalón genético hasta una circuitería cerebral localizada, un neurorregulador particular y las salidas comportamentales esperables. De todos modos, hay que retener, de inmediato, que alteraciones tan profundas como las de esa familia neerlandesa van a ser rarísimas porque inducen un cuadro deficitario con pocas posibilidades adaptativas. Pero la modulación ordinaria de ese mismo sistema puede sufrir oscilaciones y ahí hay un terreno de indagación que fue explorado inmediatamente.

La región reguladora de ese gen contiene variantes que se presentan con distintas frecuencias en la población normal: hay una variante que cursa con una producción eficiente de la enzima MAO-A (la lleva el 65 % de la gente) y otra que conlleva una expresión menos eficaz (la lleva el 35 % restante). Un grupo de investigadores británicos y neozelandeses liderados por Abraham Caspi indagaron si esas variantes estaban vinculadas con la conducta antisocial a lo largo de la vida y dieron a conocer sus resultados en un trabajo de 2002 que se ha convertido en el más citado de toda la historia de la psiquiatría. Aprovecharon un magno estudio de epidemiología sanitaria en el condado de Dunedin, en Nueva Zelanda, para seguir a una generación de 1.037 niños desde los 3 hasta los 26 años de edad. Cada tres años debían completar una revisión sanitaria y psicológica sistemática y pudieron trazar, además, los problemas relacionados con la conducta antisocial usando varios periscopios: diagnósticos pediátricos de trastornos de conducta conflictiva, cuestionarios de personalidad y psicopatía, así como detenciones policiales y penas impuestas por los tribunales. Cuando se agrupó a esos chicos en función de si llevaban las variantes MAO-A eficiente o ineficiente, surgió una asociación clara con la propensión a la conducta antisocial en el sentido esperado: los que acarreaban la versión ineficiente eran más conflictivos en todas las medidas.

Ese seguimiento permitió estudiar, asimismo, la relevancia de otro factor que a menudo se ha vinculado con la aparición de la conducta antisocial: el maltrato o el abuso infantil. Durante las revisiones trienales, los médicos detectaron que el 8 % de esas criaturas habían sufrido, entre los 3 y los 11 años, un maltrato relevante en el entorno familiar (castigos físicos reiterados o negligencias, según la opinión de los facultativos). Esos maltratos en la infancia también incrementaron la probabilidad de conducta antisocial en el futuro, pero solo en los muchachos que portaban la versión ineficiente MAO-A. Los que llevaban la versión eficaz estaban, por el contrario, inmunizados ante el maltrato familiar y a pesar de haberlo sufrido no se convertían en jóvenes conflictivos y antisociales. Un 12 % de las criaturas reunió ambas condiciones de riesgo –haber sufrido algún tipo de maltrato y llevar la versión ineficiente MAO-A–, y ellos solos protagonizaron el 44 % de los delitos violentos registrados en toda la cohorte, hasta los 26 años. Se siguió también a una cohorte más reducida de niñas y los resultados fueron paralelos. Esa fue la primera ocasión en que se detectó una «interacción genética-ambiente» robusta, y de ahí la importancia de los hallazgos. Importancia que aumentó cuando a lo largo de la década siguiente se completaron seguimientos en otros lugares y los resultados globales fueron confirmados: en función de la versión MAO-A que se lleve, se está más o menos protegido ante las peores inclemencias de la vida.

En paralelo a esos estudios de seguimiento, comenzaron a proliferar otras pesquisas. Primero se pudo mostrar que la versión ineficiente del gen MAO-A y sus correlatos cerebrales predicen el rasgo de agresividad a lo largo del itinerario vital, medido con cuestionarios de personalidad.[6] También se constató que los conocidos efectos antisociales y proagresivos de la administración de testosterona se ponen de manifiesto, sobre todo, cuando se trata de personas que acarrean la versión ineficiente MAO-A. En estudios de neuroimagen se detectó que los que llevan esa variante ineficaz de la MAO-A reaccionan ante los estímulos amenazantes con un incremento de la actividad de las amígdalas cerebrales, acompañado de un descenso de trabajo en la corteza prefrontal ventromedial (vmPFC), es decir, la combinación de respuestas en zonas paralímbicas que más a menudo se ha registrado en la psicopatía (figura 4, p. 81). La conectividad entre ambas regiones a través del cingulado anterior también mostró patrones distintivos, por cierto.[38]

¿Ambiente adverso?

MAO-A bajo

Maduración sesgada de los sistemas y los circuitos neuronales

Amígdala hiperreactiva + vmPFC hiporreactiva

Aumento de la importancia de las emociones negativas y disminución del control emocional/ impulsivo

Aumento de la probabilidad y la intensidad de la respuesta agresiva a la provocación

Figura 4. Mediación de las variantes del gen MAO-A en la violencia. La presencia de la variante ineficiente del gen MAO-A conlleva una organización peculiar del funcionamiento de las sinapsis de serotonina en el cerebro a lo largo del crecimiento, lo cual lleva a una amígdala hiperreactiva y una corteza prefrontal (vmPFC) hiporreactiva ante los estímulos con carga afectiva importante. Ese patrón de activación puede provocar, por ejemplo, que haya reacciones exageradas y un menor control de impulsos ante amenazas nimias. Es decir, se perciben muchos estímulos como provocativos y de ahí las descargas violentas. Si a ello se le añade un ambiente adverso en la infancia (la descarga del gráfico), esos efectos pueden acentuarse y las reacciones pueden ser incluso más abruptas. (Modificada a partir de Baum, 2011.)[19]

Genes finlandeses

Además del prescriptor génico de esa célebre enzima MAO, otros genes vinculados con la labor de la serotonina en el cerebro, así como los relacionados con las tareas de la dopamina y las de los andrógenos, son los que han suscitado mayor interés en el ámbito de la criminalidad violenta. Ello no debe extrañar, puesto que hay datos muy sólidos sobre la actuación de la serotonina como freno para las agresiones impulsivas y también los hay, en abundancia, para vincular la dopamina con las incitaciones excitantes o apetitosas y a los andrógenos con la mediación de la dominancia y la agresividad.[92,184,186] Esas moléculas, además, interaccionan entre sí en las zonas cerebrales críticas para modular la transacción entre el disparo del apetito por alcanzar un objetivo y las posibles consecuencias lesivas para uno mismo o para los demás.

Para cada una de ellas, los eslabones bioquímicos que llevan a su elaboración, sus tareas distintivas y sus vías de metabolización son diversos y de ahí que la variedad de genes que pueden llegar a intervenir en las salidas comportamentales sea considerable. Para la serotonina, en concreto, se han encontrado indicios sólidos que relacionan al gen de su transportador sináptico (el lugar donde actúan la mayoría de las sustancias antiagresivas y antidepresivas), así como los que prescriben la producción de varios de sus receptores neuronales (las llaves moleculares donde trabaja), con la propensión a ser más o menos impulsivo y a reaccionar con mayor o menor irritación ante los contratiempos.

En relación con eso, otro hallazgo pareció consagrar un origen génico para las anomalías de la impulsividad violenta, localizándolo en eslabones del trabajo cerebral de la serotonina.[20] En una muestra de 96 reclusos finlandeses condenados por homicidios (múltiples, en varios casos), asaltos, brutalidad doméstica o incendios provocados durante brotes de violencia irrefrenable ante incitaciones nimias y con alcohol de por medio se pudo identificar una variante (Q20) del gen del receptor 2B de la serotonina, como mediador de ese tipo de explosiones incontrolables, en la población finesa. Solo en ella, porque se trata de una mutación (entre otras) que identifica a los finlandeses como un sustrato poblacional diferenciable del resto de los europeos en función de marcadores génicos que los remiten a orígenes migratorios trazables y distintivos. Fue un trabajo meticuloso, que conllevó la utilización de contrastes entre esos reclusos violentos y muestras normativas de población finlandesa, así como la utilización de controles emparejados, persona a persona, con esos criminales por edad y condiciones sociodemográficas. Para redondearlo, se comprobó en el laboratorio de diseño transgénico que la producción ingenieril de ratones que portaban esa variedad del receptor 2B de la serotonina que merma su función como freno neural los convertía en impulsivos e hiperviolentos.

Un tipo de recomprobación de laboratorio, por cierto, que ya habían demostrado investigadores franceses, quince años antes, con ratones a los que se indujo la mutación humana para hacer disfuncional el gen de la MAO-A, con resultados parecidos: son animales inquietos e hipervirulentos. Esos resultados indicaron, por tanto, que llevar la mutación Q20 del receptor 2B de la serotonina incrementaba, en Finlandia, la probabilidad de mostrar brotes violentos en varones portadores de cifras altas de testosterona plasmática y que habían abusado del alcohol. Indicaban, asimismo, que en otros lugares esa propensión a la irascibilidad impulsiva debería ser mediada por otros marcadores génicos y sus correspondientes interacciones.

De todos modos, en un trabajo ulterior del mismo equipo finlandés efectuado con más de 500 reclusos con historia reiterada de violencia y sin trastornos mentales procedentes de 19 penales del país se detectó que ser portador de la versión MAO-A deficitaria era muy relevante para predecir la reincidencia en delitos hiperviolentos (excluyendo los incendiarios y los sexuales), pero acarrear la variante Q20 del receptor 2B de la serotonina no lo era.[183] En un estudio con secuenciación del genoma completo y comparando con muestras amplias de población finlandesa, una variante del gen CDH13, prescriptor de la T-cadherina, otra molécula que tiene un papel importante en el metabolismo y la señalización neuronal y que ha sido vinculada a la presencia de trastornos atencionales, hiperactividad motora e impulsividad, también se mostró como un potente predictor de la violencia extrema y reiterativa. Según los autores, mediante la combinación de esas dos variantes en MAO-A y CDH13, que comportan disfunciones en el trabajo serotonérgico y dopaminérgico, podría explicarse entre un 5 y un 10 %, como mínimo, de la criminalidad violenta en Finlandia.

Otros genes prominentes

Puede parecer poco, pero si llegara a confirmarse, sería un éxito rotundo y hasta cierto punto inesperado, porque hay que partir de la base de que los rasgos temperamentales y las conductas típicas que los distinguen se supone que deberían sustentarse en unas interacciones génicas apoteósicamente complejas. Si para moldear fenotipos humanos mucho más estables como el color de la piel o la altura se necesitan decenas de genes, el abanico de prescripciones e interacciones génicas que deberían modular la carga hereditaria de la propensión violenta (o de cualquier otro rasgo del carácter) se espera que sea muchísimo mayor. Hasta aquí, en realidad, solo he comentado hallazgos en relación con un único resorte neuroquímico, la serotonina, que a despecho de su importancia debe ser complementado con los centenares de moléculas que se sabe que intervienen en la regulación de una conducta tan crucial, en la lucha por la existencia, como la agresión.[134,184]

Solo hay que recordar el papel que tienen la testosterona y otros andrógenos en la regulación de la agresividad. Desde hace decenios se conoce que entre los prisioneros con un historial de crímenes más brutal y los que resultan más difíciles de reducir y apaciguar en las cárceles predominan los que tienen cifras androgénicas elevadas. Ello vale tanto para los varones como para las mujeres.[54] Por otro lado, los resultados que indican que la administración de testosterona incrementa la ambición competitiva, las reacciones intempestivas ante las amenazas y los actos agresivos son abundantes, tanto en gente normativa de diferentes edades como en poblaciones con riesgo criminal.[92] Los datos génicos han venido a complementar ese panorama mediante diversas vías. Así, las variantes con repeticiones cortas en el gen para receptor de los andrógenos (lo cual proporciona una mayor eficiencia testosterónica) son más frecuentes en asesinos y violadores;[160] la reactividad de la amígdala cerebral ante las amenazas depende, en buena medida, de la preminencia de las variantes cortas en ese gen, así como de los índices de testosterona circulante,[119] y se ha podido establecer, en muestras españolas, que esas variantes confieren una impulsividad acentuada en reclusos y en individuos normales.[7]

Son datos que concuerdan, todos ellos, con el curso de la maduración cerebral ordinaria, modulada por la testosterona, alrededor de la pubertad: el incremento del volumen amigdalar y la merma en el grosor de la corteza prefrontal medial y la orbitofrontal son potentes predictores de la agresividad desde la infancia hasta la adultez.[135] Hay que recordar, en este punto, que esa era una de las conformaciones estructurales más características del cerebro psicopático. Los andrógenos concitan la colaboración con otras sustancias para optimizar las salidas agresivas: desde los niveles bajos de cortisol,[201] hasta la acentuación de la neurorregulación por vasopresina, colecistocinina o sustancia P, entre otras moléculas proagresivas.[134]

El panorama de marcadores génicos se hará cada vez más enmarañado antes de llegar a ofrecer un perfil practicable de indicadores capitales. Téngase en cuenta que solo me he referido, hasta aquí, al marcaje génico de la violencia desabrida, impulsiva o en caliente. Poco hay todavía sobre el marcaje génico de la violencia fría, planificada o delegada. En cambio, sobre algunos de los atributos nucleares de la personalidad psicopática, como el desapego radical o la insensibilidad emotiva, se ha comenzado a progresar. La carencia o ausencia de respuesta ante las señales claras del dolor ajeno[168] tiene su sustrato en un déficit de activación en los territorios cerebrales que procesan los componentes afectivos del dolor (la ínsula, el cingulado anterior, zonas del tálamo), y esa peculiar frialdad de base fisiológica ha podido relacionarse, a su vez, con variantes génicas en el receptor de la oxitocina.[175] Esos hallazgos se han recomprobado, además, en muestras de niños y de adolescentes conflictivos y con conductas disruptivas: diversas variantes del gen para el receptor de oxitocina se asociaron con el rasgo de callosidad o frialdad emotiva extrema que anuncia un itinerario psicopático.[55] Y no es el único gen para el que hay datos sobre su relación con la capacidad para la sintonía empática, ni mucho menos. El panorama se va enriqueciendo, por tanto, aunque el camino por recorrer es vasto.[126]

Alta peligrosidad psicopática: asesinos en serie

La letalidad violenta más frecuente surge en brotes, en episodios derivados de algún incidente o disputa que se encrespa, en un *crescendo* que aboca a un desenlace fatal. Pero hay también modos letales de criminalidad que son el resultado de planes meticulosamente preparados y de acciones ejecutadas con un gran control de los tiempos y atención por los detalles. Los asesinos en serie se distinguen por bordar ese tipo de crímenes elaborados.

Esos predadores seriales escapan a la detección policial durante periodos considerables de tiempo, a pesar de tener que burlar un escrutinio creciente e incesante. La definición operativa, de consenso, los retrata como «individuos que matan a tres o más personas en un periodo de 30 días, al menos, con lapsos silenciosos después de cada asesinato, y cuya gratificación suele ser de índole sexual, sádica o muy peculiar e idiosincrática».[109] Las muertes son deliberadas y preparadas concienzudamente, aunque del todo arbitrarias: les faltan los ingredientes de un agravio previo o una deuda pendiente entre los protagonistas implicados, que es lo habitual en la mayoría de los homicidios. Son acciones hedonísticas al servicio de obtener un gozo sexual de tipo agonístico, en la gran mayoría de los casos, ejercitando una de las modalidades de la agresividad: dominadora, calculada y meramente instrumental. Es una tipología mortífera que está vinculada a la consecución de clímax placenteros y que depende de mecanismos neurales muy distintos a la violencia emotiva o impulsiva.[39,45,191]

Al estudiar características comunes de los asesinatos en serie con un componente sexual se ha detectado que las víctimas suelen ser mujeres desconocidas, por regla general.

Las escenas del crimen suelen tener un aspecto mucho más estructurado que en los homicidios ordinarios, con cambios ostentosos de lugar de los cadáveres y un uso frecuente de instrumentos de coerción y restricción para facilitar las torturas y las humillaciones. Hay, finalmente, un predominio de individuos de raza blanca entre los perpetradores. La relación con la psicopatía es notoria: aunque hay pocos estudios sistemáticos, las series de datos que se han ido reuniendo indican que más del 60 % de esos matarifes secuenciales alcanzan las puntuaciones más altas en las escalas diagnósticas de psicopatía y de narcisismo.[161, 162]

Según Adrian Raine y Yu Gao,[68] esos criminales seriales aprovechan su habilidad para detectar víctimas vulnerables y propiciatorias (prostitutas, ancianas, adolescentes o criaturas) y usan su encanto y cordialidad aparente para vencer desconfianzas y conseguir el acceso deseado. Consiguen, asimismo, ocultar o hacer desaparecer los cuerpos o los despojos y no es infrecuente que vivan en núcleos familiares estables como padres laboriosos y respetables. Todo eso los acerca a los perfiles de los «psicópatas exitosos» (véase p. 91), con el componente adicional del sadismo sexual y la crueldad morbosa.

Proporcionan, por supuesto, una de las rutas de inspiración preferente para los *thrillers* novelescos o cinematográficos, que despiertan una fascinación invariable, aunque su frecuencia real es muy baja: los asesinatos con violencia sexual no superan el 0,5 % del total de los homicidios,[124] y los que se dan en serie son tan solo una porción de esos.

Hay, también, asesinos seriales que culminan un rosario de muertes de forma más caótica, turbulenta y desorganizada, aunque en esos casos suele haber alguna patología mental con ingredientes de intensa desazón, y la policía lo tiene más fácil para atraparlos. En todos ellos, la incidencia de fantasías violentas o actividades estrambóticas de autoincitación sexual es muy alta, lo cual ilustra que hay un funcionamiento peculiar de los arietes y los contenidos de la excitación erotógena, que puede ponerse de manifiesto usando medidas objetivas.[162] El estudio detallado de los patrones fisiológicos y hormonales de excitación sexual puede, por cierto, ayudar a distinguir entre los individuos que suponen un peligro considerable, de los que cultivan otras modalidades de parafilias sexuales que no se acompañan de violencia.[121] En estos ámbitos, sin embargo, los hallazgos genéticos están en mantillas.

6.
Delincuencia financiera y clanes mafiosos

«No todos los psicópatas están en las cárceles. Hay muchos en los consejos de administración y en los comités ejecutivos.»

ROBERT HARE, creador de la escala de psicopatía PCL-R (véase p. 41), en un discurso ante la convención anual de la Policía canadiense, en 2002

Psicopatías de «cuello blanco»

La frase de Robert Hare que abre este capítulo devino una cita obligatoria en las reuniones de expertos sobre delincuencia financiera. Antes que él, las descripciones de Cleckley[49] y Lykken[117] ya habían detallado casos prototípicos de «psicopatía corporativa» o «de cuello blanco», aunque el enganche popular de esa noción se debió a la cercanía entre el dicterio de Hare y el rosario de fraudes y estafas colosales que prece-

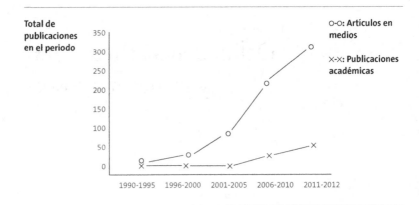

Figura 5. Comparación de los reportajes periodísticos y los estudios de investigación, acumulados por quinquenios y publicados entre enero de 1990 y octubre de 2012, sobre la «psicopatía de cuello blanco». (Adaptada de Smith y Lilenfeld, 2013.)[174]

dieron al inicio de la Gran Recesión en 2008. Desde entonces, la profusión de ensayos y reportajes periodísticos sobre esa modalidad psicopática ha sido espectacular (figura 5), aunque la investigación seria y sistemática sobre el asunto es más bien escasa todavía.[14,174]

El núcleo del concepto «psicópata exitoso», «psicópata corporativo» o «psicópata financiero» se refiere al conjunto de rasgos de esa condición antisocial que resultan menos perniciosos en lesiones físicas tasables. Según la descripción de Cleckley:[49] el encanto superficial, la habilidad para el engaño y la manipulación, el atrevimiento y la afición al riesgo, así como la ausencia de toda culpa y remordimiento en unos sujetos, por otra parte, con apariencia de total inocuidad. Es decir, reúnen los atributos que ayudan a medrar en los sinuosos y exigentes ambientes empresariales y financieros sin que afloren los rasgos más obviamente conflictivos y dañinos –la propensión violenta, la crueldad o la morbosidad–, que suelen ser castigados muy pronto.

La cifra que suele manejarse de un 3 % largo de incidencia de la psicopatía en el ámbito de los negocios,[14] en comparación con el tope aproximado del 1-1,5 % en la población general, es más una sospecha basada en indicios que un hallazgo firme, porque los sondeos a fondo están por hacer. De hecho, aunque se han desarrollado diversas escalas para medir los rasgos psicopáticos nucleares, adoptándolos al mundo de la empresa y las finanzas, no hay ninguna de ellas, todavía, que haya alcanzado una validación y expansión suficientes.

Algunos trabajos pioneros han podido vincular, de todos modos, la presencia de esa «psicopatía corporativa» con las condiciones y el desempeño de tareas en los ambientes empresariales. Así, un estudio basado en las evaluaciones de una muestra australiana de cerca de 400 empleados de ramos diversos y con una posición consolidada en su trabajo[32] mostró que la presencia de directivos con rasgos psicopáticos se asoció a una frecuencia mucho mayor de acoso laboral, críticas en público, trato desconsiderado, tareas en condiciones peligrosas y violaciones flagrantes de las normativas laborales vigentes. Cuando tuvieron que trabajar con esa clase de directivos, el 93,7 % de los empleados informaron sobre abusos, mientras que la cifra bajó al 54,7 % en circunstancias ordinarias. Y aunque en esa prospección australiana la proporción de directivos psicopáticos fue solo del 1 %, el 26 % del total de las incidencias de acoso laboral se produjo bajo su tutela.

Liderazgo psicopático

En cuanto al estilo de liderazgo, un estudio con más de dos centenares de directivos de corporaciones de todo el mundo que participaban en cursos de promoción profesional aportó datos adicionales.[15] Además de los índices adaptados PCL-R para la detección de posibles psicópatas, se tuvo acceso a seguimientos completísimos de sus hojas de servicios individuales, con datos sobre multitud de aspectos de su trabajo y las relaciones interpersonales en la empresa. Los resultados indicaron que había en esa muestra de directivos más individuos con diagnóstico de psicopatía que en los controles de comparación. Esos sujetos habían alcanzado, además, puestos de supervisor, director o vicepresidente con mucha mayor frecuencia. Al contrastar con las estimaciones de las hojas de servicios salió que sus superiores los consideraban peores aliados para el trabajo en equipo y muy poco leales. Pero les daban, sin embargo, puntuaciones destacadas en visión estratégica, capacidad creativa e innovación, así como buenas dotes de comunicación. Aparece ahí, por consiguiente, un doble filo en el retrato del estilo de liderazgo de los «psicópatas corporativos», con una faz desagradable y otra fructífera para los negocios.

Eso mismo ocurrió en un estudio sobre los 42 presidentes de Estados Unidos, hasta G. W. Bush, basado en sus rasgos de carácter tal como fueron ponderados por 121 historiadores especializados en el tema.[115] Tuvieron que aplicarles las puntuaciones de un cuestionario estándar de personalidad del cual podían derivarse estimaciones de psicopatía. Los rasgos de «dominancia valiente» y de «impulsividad egocéntrica» resultaron muy informativos. Ese primer atributo, en particular, mostró una vinculación favorable con la efectividad presidencial, el liderazgo constructivo, la persuasión, la habilidad comunicativa y la capacidad para el manejo de las crisis. En cambio, el segundo se asoció con la conflictividad con los colaboradores y el carácter malhumorado y errático, contribuyendo a un liderazgo menos eficaz, aunque sin afectar a la competencia presidencial. Hay ahí, de nuevo, indicios procedentes de otro ámbito que señalan ingredientes de la psicopatía que pueden ser favorables para según qué menesteres del mundo de la dirección.

Ha habido quien ha relacionado todo eso con tres vectores primordiales que acarrea la gente normativa que se sitúa cerca del diagnóstico de personalidad psicopática: la desinhibición, la valentía y la malignidad.[99] El segundo de esos vectores, el arrojo, el atrevimiento o la despreocupación sustentada en la ausencia de miedo, sería el atributo esencial para medrar en los acerados ambientes de los negocios o la política. Se trata, por cierto, de una tríada de rasgos que suele formar parte de las modalidades del temperamento que se asocian de manera más frecuente con la maldad genuina: el maquiavelismo, el narcisismo y la psicopatía.

El cerebro estafador

Hay muy poca investigación dirigida a intentar deslindar las características neurales distintivas que adornan a esos «psicópatas corporativos» o de «cuello blanco». Un estudio liderado por Adrian Raine[159] comparó diversas medidas neuropsicológicas, así como estimaciones del grosor de la corteza cerebral, mediante escaneos MRI en varones de 21 a 46 años que tenían en su haber delitos de «cuello blanco», respecto de otros que no habían incurrido en esas transgresiones, pero con índices de delincuencia «sucia» comparables a los primeros. Todos ellos fueron reclutados en empresas de trabajo temporal.

La información sobre los delitos se obtuvo mediante un cuestionario autoadministrado del Departamento de Justicia de Estados Unidos, que ponderaba todo tipo de conductas delictivas. Las transgresiones de «cuello blanco» incluían, entre otros, los delitos informáticos, los fraudes o estafas a personas y empresas, los engaños a las agencias de desempleo y ayuda social, el uso fraudulento de tarjetas de crédito o cheques bancarios y los engaños a Hacienda para conseguir retornos indebidos. Al final se reunieron 21 «estafadores» y 21 controles sin currículum estafador. Del grupo de 21 «estafadores», solo dos estaban fichados como tales en los archivos policiales y se ofreció a todo el mundo garantías (firmadas) de confidencialidad taxativa.

Los resultados indicaron que esos «estafadores confesos» tenían mejores puntuaciones en los test neuropsicológicos de función ejecutiva (capacidad de previsión y planificación) y en los test de vigilancia y atención medidos a través de la respuesta electrodermal en reposo o ante estímulos anodinos y relevantes. Además, mostraron un patrón de mayor grosor en el segmento de sustancia gris cerebral en diversos territorios de la neocorteza, en particular en áreas prefrontales (vPFC) y en la circunvolución frontal inferior, en la juntura temporoparietal y en las cortezas premotora y somatosensorial, importantes todas ellas para las tareas que requieren una planificación y ponderación ajustadas. Todo ello hay que considerarlo con precaución, ya que se trata de muestras de voluntarios, con un registro delictivo derivado de un cuestionario autoadministrado y donde no había grandes delincuentes.

Ahora bien, de confirmarse esos hallazgos, serían los primeros indicios a favor de que la delincuencia «limpia» o de «cuello blanco» va asociada a atributos que son lo contrario de la impulsividad y la desinhibición violenta que suele caracterizar a la delincuencia «sucia» o «violenta». Es decir, los delincuentes de cuello blanco tendrían mejores capacidades de procesamiento de la información, de elaboración de estrategias cambiantes y de control de impulsos, lo cual puede suponer una ventaja obvia para perpetrar delitos y crímenes que dejen poco rastro o ninguno.[68] Debe esperarse, asimismo, que ese tipo de personajes muestre un talento destacado para mentir y para eludir las tecnologías de detección de mentiras.[66,205] Y aunque la discusión sobre la sensibilidad y la precisión de esos métodos no cesa,[74] hay que consignar avances considerables en el mapeo fino de los dispositivos y los automatismos cerebrales dedicados al engaño eficiente y también a su registro.[113,177]

Hay mucho trabajo por delante, sin embargo, antes de llegar a conclusiones sólidas, aunque esos datos vuelven a poner de manifiesto la brecha entre las psicopatías de corte manipulativo y las de corte agresivo-impulsivo. Mientras tanto, ya hay quien ha intentado acercarse al personal vinculado a las corporaciones con fama de enorme peligrosidad.

Clanes mafiosos

Un equipo de investigadores mexicanos diseñó un protocolo para medir el funcionamiento cognitivo de criminales encarcelados pertenecientes a cárteles del narcotráfico local.[139] Las bandas mafiosas son uno de los nichos ocupacionales preferidos por los psicópatas y los hallazgos en muestras bien definidas pueden revelar patrones útiles para avanzar en la caracterización de esos individuos. Los integrantes de esas organizaciones del narcotráfico mexicano han desarrollado una estructura jerárquica que supone un prototipo de asociación para las tareas de producción, distribución y comercialización de las drogas, así como para la defensa inclemente de sus territorios de influencia. La naturaleza clandestina del negocio y la competición entre esas organizaciones conduce a actos de violencia extrema, similares o peores que los perpetrados por los criminales solitarios más peligrosos.

Datos neuropsicológicos

Los sujetos de ese estudio de la Universidad Nacional Autónoma de México (UNAM) fueron 82 prisioneros varones, todos ellos miembros de clanes de narcotraficantes. Fueron evaluados y luego clasificados de acuerdo con el papel que desempeñaban en su organización como comandantes, guardianes, protectores enraizados en su comunidad, blanqueadores de dinero y distribuidores o productores. Esos individuos se compararon con un grupo de control formado por 76 voluntarios varones de edades y características sociodemográficas parejas a los anteriores a partir de una muestra normativa de la comunidad. Los perfiles psicopáticos se obtuvieron utilizando la escala de psicopatía revisada (PCL-R). También se utilizó la batería de pruebas de funciones cerebrales ejecutivas (BANFE), que proporciona 31 medidas específicas de la cognición relacionada con el lóbulo frontal.[65] El protocolo fue aprobado por las autoridades de la prisión y consistió en tres sesiones de evaluación de dos horas y media cada una llevada a cabo por psicólogos entrenados que tenían experiencia con esas escalas, así como en llevar a cabo entrevistas a psicópatas. Para estudiar al grupo de internos se reservó una zona tranquila dentro de la prisión y los guardias traían a los participantes a la evaluación y los devolvían luego a sus celdas. Los controles fueron evaluados en el Laboratorio de Neuropsicología y Psicofisiología de la UNAM.

Los internos estaban afiliados a 10 cárteles operativos en México: Sinaloa, Golfo, Juárez, Tijuana, Beltrán, La

Familia, Amezcua, Zhen Li Gon, Milenio y Guadalajara. La sentencia promedio de los participantes era de 32 años y el tiempo de encarcelamiento cumplido varió entre 2 y 10 años. En conjunto, los prisioneros puntuaron 21 en la PCL-R (rango de puntuaciones de 10 a 36), mientras que el grupo de control anotó un 3 (rango de 0 a 8). Los ejecutores tuvieron la mayor puntuación: 24, seguidos por los comandantes: 23, los distribuidores y productores: 21, los protectores: 18, y los blanqueadores de dinero: 17. En poblaciones reclusas, el punto de corte habitual de la psicopatía es 23; por consiguiente, solo los comandantes y los ejecutores pueden ser considerados como tales (tabla II).

TABLA II. * Edad, años de educación y puntuaciones PCL-R según la función de cada recluso en los cárteles mexicanos de narcotráfico

Grupo	N	Edad (años) X (SD)	Rango	Años de educación X (SD)	Rango	PCL-R X (SD)
Controles	76	42 (8,5)	22-60	12,7(3)	6-20	**3** (2)
Reclusos	82	44 (9)	26-64	12 (4)	1-20	**21,2** (5,9)
Jefes	30	45 (9)	34-64	10 (3)	3-17	**23** (5,6)
Blanqueadores	12	44 (10)	31-62	14 (3)	9-18	**17,7** (3,3)
Ejecutores	14	43 (10)	31-62	11 (4)	1-17	**23,9** (7,1)
Protectores	6	43 (10)	26-64	15 (3)	1-20	**17,6** (3,2)
Productores y distribuidores	21	42 (9)	26-58	12 (4)	5-17	**19,9** (5,5)

PCL-R: Puntuaciones en la *Hare Psychopathy Checklist Revised-manual* (véase p. 41).
X (SD): media y desviación estándar.
*Adaptada de Ostrosky *et al.*, 2011.[139]

Estas puntuaciones de psicopatía eran bastante moderadas, ya que la condición clínica se diagnostica, con solidez, a partir de puntuaciones de PCL-R iguales o superiores a 30 puntos, en un rango de 0 a 40.[32] En cuanto al índice orbitofrontal BANFE, los ejecutores y los distribuidores tenían puntuaciones que se acercaban a una alteración moderada, mientras que el resto eran normativos.

Se detectó una relación negativa (-0,33) entre las puntuaciones PCL-R y el índice orbitofrontal. En ese índice prefrontal de funcionalidad cognitiva, los blanqueadores de dinero obtuvieron puntuaciones elevadas, mientras que los otros reclusos las tenían normales; en el índice dorsolateral, todos ellos tenían puntuaciones inferiores a los controles, aunque todavía dentro del rango normal, y los ejecutores presentaron, de nuevo, las puntuaciones más bajas. Comandantes y ejecutores cumplían criterios de psicopatía en toda la gama de medidas, mientras que los blanqueadores de dinero se ajustaban bien a la descripción de «psicópatas de éxito».[68] Las rutinas cognitivas relacionadas con la labor de la corteza orbitofrontal (falta de inhibición, impulsividad acentuada) eran las más afectadas en todos esos narcotraficantes. Los déficits fueron más graves en el caso de los individuos más violentos, proporcionando así una medida de psicopatía con alto riesgo de violencia en criminales sin lesión alguna.

El estudio de las peculiaridades cognitivas mediante pruebas neuropsicológicas sistemáticas, junto a diversas medidas psicofisiológicas y psicométricas, será, por tanto, un complemento obligatorio para discernir mejor los rasgos psicopáticos y debe esperarse que esas exploraciones se conviertan en habituales en los diagnósticos judiciales para adoptar, en los tribunales, unas decisiones cada vez más ajustadas y pertinentes.[173] Un hallazgo que hay que tener muy en cuenta fue que, entre esos curtidos delincuentes mexicanos, los blanqueadores de dinero y los protectores bien enraizados en la sociedad presentaban las puntuaciones de psicopatía más bajas, aunque eran mayores que las de los ciudadanos comunes y corrientes.

Confrontación grupal: bandas, clanes, hermandades, milicias y otras alianzas

Esos clanes adoptan unas formas de división estamental y jerárquica, así como de distribución de cometidos, que recuerdan a la organización de las milicias bien entrenadas y estructuradas. No hay nada de extraño en ello: libran durísimas guerras comerciales al margen de la ley y se aplican a ello con todos los procedimientos del matonismo, la intimidación y la liquidación, sin reparar demasiado en las bajas propias y mucho menos en las ajenas. Esas guerras entre organizaciones criminales sin convenciones o límites que valgan son el escenario de acciones que alcanzan, a menudo, la máxima crueldad torturadora y la peor morbosidad destructiva de la que son capaces los humanos. Son batallas que se dan en una modalidad de negocio que atrae y cohesiona a tipos de temple codicioso y querencias dominadoras, vengativas y crueles, y de ahí que la letalidad de los enjambres que forman sea formidable.

No voy a ocuparme, para nada, de las tipologías, la letalidad y la devastación que propician esos u otros episodios «bélicos», porque la diana de este ensayo es la malignidad individual y no la que se pone en marcha y se alimenta en función de los requerimientos y los cauces de la confrontación intergrupal. En cuanto se produce una alianza o una coalición belicosa, por mínima que sea, cambian los parámetros, entre otras cosas, porque hay reparto de papeles y múltiples vectores de influencia interna y externa.[33,52,184,184 bis,186,204] Eso vale para cualquier tipo de confrontación más o menos organizada: desde las peleas entre bandas callejeras de adolescentes o jóvenes hasta las inmisericordes batallas que libran los clanes mafiosos o gánsteriles, y desde los despiadados envites que protagonizan las guerrillas, las insurgencias y los grupos «terroristas» hasta las grandes confrontaciones entre ejércitos sofisticados.

El daño que acarrean esas confrontaciones es muy superior al registro de damnificados que va dejando la maldad individual, sin lugar a dudas.[146] De hecho, cuando las luchas intergrupales caen más o menos cerca, un segmento del personal más joven, ambicioso y aficionado al riesgo suele autorreclutarse y distinguirse para participar e intentar sacar un buen botín, si se tercia. Botín que dependerá, en primera instancia, de sus talentos aguerridos y destructivos, y de la habilidad para medrar en ámbitos muy exigentes, porque lo esperable es topar con rivales con metas muy similares. Pero el análisis de todo eso nos arrastraría hacia ámbitos muy alejados del foco acotado aquí. Aunque los malvados por antonomasia de nuestra época lleven nombres de líderes guerrilleros o insurgentes célebres, y hayan protagonizado o dirigido ataques brutales en confrontaciones de gran alcance y resonancia global,[186] ese no es el tema de este ensayo.

7.
Corruptos, rufianes y elites extractivas

La reiteración de la corrupción económica en todas las sociedades y en cualquier época se ha vinculado, asimismo, con la presencia inalterable de individuos con rasgos psicopáticos, generación tras generación. Sobhani y Bechara[177] afirmaron que las personas que urden tramas corruptas en el ámbito empresarial o en la administración pública y que incurren con asiduidad en acciones fraudulentas pertenecen a la estirpe de los psicópatas. No están limitados por principios, ni por las normas ni por las advertencias de castigo. Con lo cual, ya sea actuando por su cuenta y riesgo o a base de incitar, sobornar o chantajear a otros para que emprendan acciones extractivas e ilegales, consiguen suculentas mordidas que hay que detraer de los fondos comunes. El hecho de actuar desde un marco mental fríamente utilitario y con un atrevimiento basado en la ausencia de temor a las sanciones y en la carencia de cualquier sintonía hacia el daño o el perjuicio ajeno puede resultar muy ventajoso para medrar mediante operaciones económicas o financieras ilegales.

El problema, sin embargo, continúa siendo el que señalamos al principio del ensayo: los psicópatas bien caracterizados no alcanzan el 2 % de la población, mientras que los que se ven tentados por las prácticas corruptas y los que se adentran en ellas van muchísimo más allá. Por consiguiente, hay que reorientar y ampliar enormemente el foco, aunque la constelación de atributos que atesoran los psicópatas suponga una guía impagable. De hecho, el abanico de delitos que abarcan las prácticas económicas corruptas es amplísimo y lo es, también, la variedad y la severidad de los quebrantos infringidos. De ahí que convenga reiterar que la bolsa de individuos de quienes puede esperarse, en cualquier circunstancia y sin sanciones, una conducta prosocial intachable y ajustada a las normas no supera el 30 % de la ciudadanía, en el mejor de los casos. Esa es la única reserva segura de ciudadanos cumplidores y honestos. La gran mayoría restante, una vez descontado el 5 % corrosivo y potencialmente dañino que ahora conocemos a fondo, puede apuntarse con mayor o menor frecuencia a las prácticas corruptas más habituales en cada cultura particular en función de la permisividad y las oportunidades al alcance de la mano.[68] Es decir, siempre hay alrededor de un 65 % del personal, en cualquier sociedad, presto a corromperse si sale a cuenta.

Así, por ejemplo, en lo que concierne a la proclividad a incurrir en engaños, el solo hecho de puntuar en positivo en una escala tan sencilla como la que se ilustra a continuación es un magnífico predictor de la conducta deshonesta en situaciones de laboratorio.

Escala de desvinculación moral sobre el engaño

Por favor, indique marcando un punto en la línea, hasta qué punto está de acuerdo con cada una de las siguientes afirmaciones:

Desacuerdo total   **De acuerdo total**

−3 ←——————————————→ +3

1. A menudo, tomar la delantera es más importante que atenerse a las normas.
2. Las normas deberían ser lo suficientemente flexibles como para adaptarse a cualquier situación.
3. Engañar es apropiado cuando no se perjudica a nadie.
4. Si los demás incurren en engaños, pagar con la misma moneda es moralmente permisible.
5. En los negocios es apropiado usar atajos siempre y cuando no se haga a expensas de alguien.
6. Los objetivos son más importantes que los cauces o los medios a través de los cuales se consiguen resultados.

En estudios donde se podía ganar algo de dinero contante y sonante a base de decir mentiras fáciles de detectar, los que puntuaron alto en esa escala fueron los más deshonestos y los que se llevaron más dinero.[77]

Esa tendencia al desprecio de las normas es característica del estilo impersonal y maquiavélico que gastan los psicópatas en sus interacciones con los demás. De hecho, hay hallazgos que indican que los rasgos manipulativos típicos del maquiavelismo –el egoísmo oportunista haciendo caso omiso de toda regla, los engaños sistemáticos y las aptitudes destacadas para la seducción– resultan beneficiosos para alcanzar objetivos económicos y dependen de la labor de la corteza orbitofrontal, la ínsula y otras regiones cerebrales que se han vinculado con las decisiones con carga moral (figura 3, p. 68). Esos estudios se han llevado a cabo en personas normativas que participan en juegos económicos en situaciones de laboratorio.

Maquiavélicos

El maquiavelismo es la tendencia a manipular y traicionar a los demás. A usar al prójimo y a prescindir de él, en función de los propios objetivos e intereses. A extraer ventajas aprovechando la buena fe, las ilusiones y los miedos del personal. Es una habilidad decisiva para circular con provecho por la vida y constituye uno de los rasgos cruciales de la inteligencia social. Hay otros: la simpatía, el carisma, la discreción, la capacidad de adivinar las motivaciones e intenciones ajenas. En los test que miden esa modalidad del ingenio prima la noción de «manipular en beneficio propio y a costa de los intereses ajenos». Se trata de escalas con ítems como los de la página anterior, de manera que permiten distinguir entre individuos dotados para el maquiavelismo (*high machs*) y los poco dotados (*low machs*).

No hay una relación consistente entre el ingenio cogniti-vo destacado y el maquiavelismo: ni en las notas CI globales ni en las medidas de agudeza o velocidad mental (expansión de dígitos, rotación de figuras, atención resolutiva) se obser-van concordancias firmes. Tampoco hay asociaciones fuertes entre el maquiavelismo y el éxito social global medido por renta o estatus. De todos modos, los *high machs* progresan más en ámbitos profesionales competitivos y muy abiertos: están sobrerrepresentados entre los comerciales, los agentes de bolsa y los políticos. Lo están menos, en cambio, entre los directivos sénior de las grandes corporaciones, los altos funcionarios o los técnicos de excelencia. Hay combinacio-nes distintas del ingenio, por tanto, que resultan premiadas y debe tenerse en cuenta el contexto profesional para afinar en las concomitancias entre la agudeza mental, el maquia-velismo y el éxito social.[202]

Algunas simulaciones «cercanas a la realidad» han pro-porcionado datos útiles para acotar el maquiavelismo. Así, si se ofrecen oportunidades claras de birlar dinero de una caja común, los *high machs* tienden a sustraer más que los *low machs*, siempre y cuando los supervisores sean ingenuos. En cambio, ante un supervisor desconfiado, los maquiavélicos no se distinguen de los *low machs*, ni en la tentación ni en los hurtos. Por otro lado, los *high machs* mienten mucho mejor: es difícil distinguirlos de la gente sincera cuando se proponen engatusar. A los *low machs*, en cambio, se les atra-pa con facilidad cuando pretenden vehicular un engaño. Esa superioridad para el embuste de los *high machs* se sustenta en que saben manejar mejor la modulación de la voz, los movimientos faciales y la mirada cuando tratan de engatusar a los demás. Ahora bien, con los procedimientos sofisticados de detección de mentiras se atrapa a los *high machs* y a los *low machs*.

En ambientes competitivos de empresa donde se ha superado un filtraje exigente, parece ser que no hay diferencias entre los tiburones masculinos y los femeninos en cuanto a maquiavelismo. Todos los datos indican que los hombres atenúan el maquiavelismo ante los colegas varones, respecto del que aplican a sus interacciones con colegas femeninas. De forma paralela, las mujeres aplican muchas más estrategias maquiavélicas con el sexo opuesto que con el propio. El maquiavelismo se atenúa, además, por los vínculos de sintonía con el propio grupo mientras que aumenta notoriamente en los conflictos y luchas intergrupales. El maquiavelismo es, por tanto, un rasgo que modula las interacciones económicas y que puede medirse de manera fiable. Cabalga, en realidad, en la encrucijada entre la conducta prosocial y las tendencias explotadoras y predadoras. Los individuos con una buena dotación en ese rasgo del carácter disponen de ventajas estratégicas, aunque también hay inconvenientes: el más obvio es toparse con la venganza o el ostracismo cuando los manipuladores voraces resultan desenmascarados.

El valor del dinero

La competición con dinero de por medio es exigente y la neurobiología ha comenzado a estudiar, en serio, los atributos del dinero desde hace muy poco. Los desafíos que plantea ese peculiar invento de unos objetos o símbolos con valor apreciable son formidables. Y lo es también el análisis del impacto que tiene el montante disponible en las costumbres y el ánimo de las gentes.

Lo corriente es considerar que el dinero pertenece a un estrato simbólico, al predio de las instituciones sociales, y que requiere, por tanto, sabidurías abstrusas y alejadas de los circuitos del cerebro-mente. La economía dispone de herramientas para el abordaje especializado a las complejidades del dinero, y cuando se necesitan otros arietes pueden buscarse en el saber matemático o en variantes del filosófico (la retórica, el derecho, la sociología). De ahí que sean muchos los que consideran que las ciencias de la naturaleza deberían mantenerse al margen de un asunto tan obviamente cultural.

Puede que sea así, que no convenga mezclar los resortes de la biología con los avatares de las monedas y las gentes que las usan. Al fin y al cabo, el dinero es un invento reciente y su huella en los engranajes biológicos debe ser inaprensible. De la misma manera que no hay, en el cerebro, sistemas específicos prefigurados para la escritura o para el cálculo numérico, tampoco los hay para cobijar, de entrada, las infinitas sutilezas de las variantes dinerarias. Eso hay que aprenderlo a lo largo de años de instrucción para dominar las propiedades del dinero, ya que la biología no ha montado resortes para fijar automatismos eficientes. Resortes que sí poseemos, de manera espontánea y sin necesidad de instrucción alguna, para adquirir habilidades como caminar, correr, saltar, silbar o hablar. Pero en ningún caso para manejar dinero con solvencia, astucia y provecho.

La apetencia por el dinero acostumbra a ser, sin embargo, tan sensacional y despierta unas energías tan intensas que, a pesar de las cautelas impuestas desde aquellas disciplinas humanísticas,[111] menudean los intentos de hincarle el diente a esa palanca que suele «mover el mundo». La penúltima de esas incursiones la han protagonizado neurorradiólogos que trabajan con equipos para el escaneo cerebral. Aunando esfuerzos con algunos economistas *rara avis* dispuestos a entrar en los laboratorios de neuroimagen, se propusieron desentrañar los recovecos de la motivación por el dinero y sus vicios colaterales.

Codicia metálica

Lo primero que hay que destacar es que el hambre de dinero no es metafórica: se trata de un fenómeno real que tiene su asiento en zonas particulares de la circuitería neural. Al avistar dinero alcanzable se activan los sistemas cerebrales del deseo. La perspectiva de ganancias monetarias, cuando se muestran cantidades que percibir en situaciones de juego, despierta un trabajo extra en las mismas regiones que se activan al contemplar una imagen erotizante, un plato apetecible o una bebida sugerente. Las diferentes modalidades del dinero (las monedas, los billetes, las cantidades en unidades monetarias, los incrementos del saldo de la cuenta corriente, los vales o bonos intercambiables en metálico) son todas ellas capaces de acelerar la labor de las áreas del cerebro que se dedican a procesar incitaciones apetitosas enraizadas en la biología, como las sexuales o las alimentarias.[36, 104,105] La mera contemplación de esos iconos dinerarios dotados de valor e incorporables al bolsillo es capaz de activar los mismos circuitos cerebrales que una imagen erótica o golosa.

No está clara todavía la potencia incentivadora del dinero respecto de esas señales que anuncian gratificación fisiológica, porque las comparaciones precisas están por hacer.[104,111] En cualquier caso, la apetencia de dinero tangible, la perspectiva de obtener sumas contantes y sonantes, descansa en el reclutamiento de los sistemas cerebrales que se dedican a procesar los apetitos sexuales, alimentarios o de bienestar.[104,105] Esa fagocitación de los resortes biológicos del deseo y la consumación por parte del dinero le otorga propiedades gratificantes (incrementa la reiteración de acciones que llevaron a obtenerlo), así como incentivadoras (orienta los apetitos y modula la conducta).

El dinero estimula no solo los apetitos confesables, sino los que anidan en recodos del cerebro inaccesibles al escrutinio consciente: un equipo de neuroimagólogos londinenses mostró que la presentación ultrabreve (50 milisegundos) de incentivos monetarios (imágenes de monedas de una libra esterlina o de un penique) hacía que los participantes apretaran con más tesón un botón que incrementaba la temperatura de un termómetro visible en pantalla (un dispositivo digital parecido a esos artilugios de feria que miden la fuerza del golpeo con una maza). Con aquellos *flashes* ultrarrápidos de libras, peniques o dibujos neutros, los sujetos no podían distinguir si habría recompensa monetaria o no (el umbral de reconocimiento visual suele rondar los 100 milisegundos). A pesar de ello, convertían los incentivos más suculentos en mayor trabajo motor. Todo eso se cocinaba, sobre todo, en regiones del pálido ventral: un área de la base cerebral que es una encrucijada de los circuitos neurales del deseo.[144]

Tal cúmulo de cualidades en un artefacto simbólico explica que se haya propuesto que, además de sus funciones económicas primarias, el dinero puede adquirir atributos que lo equiparan a las drogas adictivas.[111,210] Esa «adicción al dinero» habría que considerarla con cautela, sin embargo, porque para la gran mayoría de las personas el hambre y la urgencia de ganancias se mantiene dentro de cauces moderados y no dispara conductas problemáticas. Es más, suele permitir la cristalización del comercio bien regulado y generador de riqueza diversificada. Salvo en los casos infrecuentes de las avaricias y las usuras obsesivas, o del juego compulsivo que suele conducir a la ruina, el descontrol inducido por el dinero es poco habitual. Pero ello no es óbice para que haya individuos dispuestos a saltarse límites y a transgredir todas las barreras en pos de la acumulación dineraria si se dan circunstancias propicias. Y los hay también que, en ausencia de oportunidades, las inventan: hay que dejar constancia de que, además de sus innegables virtudes prosociales, el dinero ha sido el inductor de la sofisticación incesante de los modos de delinquir. Constituye, en realidad, un nicho perfecto para los desvelos y el deleite del personal psicopático.

Pero, al margen de las múltiples derivas y tentaciones asociales, todo el mundo sufre las pérdidas monetarias como si fueran desgarros que se llevan jirones de la piel. Y no solo se sufre ante la pérdida consumada, sino ante la mera posibilidad de que se produzca. Ahí es donde mejor se aprecia su potencia como ariete comportamental. En los estudios de escaneo cerebral se ha podido comprobar que las pérdidas monetarias activan la circuitería neural dedicada al sufrimiento y la aversión psicológica, con concomitancias incluso con los sistemas encargados de procesar dolor.[188]

Lujo, soborno y extorsión

El dinero se adorna con esas propiedades gracias a su valor de señal gratificadora universal. A su valencia de intercambio con cualquier bien o servicio deseable. En la jerga psicológica, el dinero es un «reforzador secundario generalizado», donde secundario denota aprendido (no prefijado por la biología) y generalizado indica su valencia gratificadora sin restricciones. Esa es la base de su potencia, aunque en el dinero hay flecos incómodos, porque no cumple del todo con esa función de validador universal. Existen ámbitos donde hay resistencia a aceptar su irrupción mediadora: no esperamos, por ejemplo, que los vecinos nos devuelvan los favores domésticos en billetes, ni que las muestras de amistad genuina se restrinjan al trasiego de vales convertibles en metálico. No solo no se espera eso, sino que incluso puede ofender un pragmatismo tan descarnado. Por otro lado, suele halagar mucho más un regalo apreciable o elaborado que su estricto equivalente dinerario, porque el valor de las ofrendas no se ajusta, de manera lineal, a su montante en metálico.

Ese tipo de problemas están en el meollo de las discrepancias que mantienen los especialistas sobre los atributos del dinero.[111] No obstante, si se orillan esas sutilezas, uno de los atajos para tratar de engarzar la afición por el dinero en propensiones biológicas consiste en la tendencia a acumular objetos.[9] La motivación por preservar y acaparar pertenencias puede verse como una extensión de la propensión animal al marcaje territorial. Téngase en cuenta que los objetos y las posesiones con valor perdurable prevalecen hoy, como siempre, como señales de estatus. De hecho, aunque estén a la orden del día los *rankings* de riqueza ordenando a los cien individuos con las rentas más cuantiosas del globo, así como los agraciados que ocupan ese elenco en cada país o gremio en particular, nadie desafía la premisa de que la sustentación de la riqueza reside en las pertenencias: los activos patrimoniales del tipo que sean. Los valores monetarios, en cambio, son indicadores de poder mucho más volátiles.

En la señalización de estatus hay, sin embargo, un factor que el dinero ha permitido amplificar hasta extremos inigualables. Se trata del lujo, de la capacidad de dispendio apoteósico sin reparar en costes o esfuerzos. El poder, para serlo de veras, debe hacer gala de ostentación aparatosa, y nada mejor que la versatilidad monetaria para la escenificación del gasto. La disponibilidad inmoderada de recursos dinerarios permite orquestar, a voluntad, el despliegue fastuoso. Las crónicas históricas y literarias recogen la fascinación humana por el lujo, pero la tecnología de la imagen ha disparado esa querencia hasta cimas inconcebibles. El manejo sofisticado de sus resortes creó, incluso, una categoría del lujo asequible para una casta singular: el glamur. Una suerte de delicada tonalidad del fulgor reservada a los que desfilan, con asiduidad, ante el visor de la cámara y aguantan con prestancia su escaneo. Ahí está el meollo del monumental negocio de ofrecer, a todo hijo de vecino, palcos con acceso (indirecto) a las pasarelas rutilantes. La imagen vendida a las agencias de comunicación constituye una modalidad del soborno con una aceptación social clamorosa, por esa razón. Porque permite acceder a balcones bien situados para contemplar los fastos más selectos. Algo que siempre encandiló, pero que solía acontecer con cuentagotas, mientras que ahora el desfile no cesa jamás gracias a la instalación de miradores en todos los hogares.

Eso nos acerca a otra propiedad del dinero: su capacidad de aventajar a cualquier otro incentivo para comprar voluntades, para seducir, subyugar y esclavizar. No hay prebenda que lo iguale en su capacidad para tentar y doblegar. El soborno es un ariete decisivo para la corrosión dineraria y funciona como una ruta óptima cuando hay que quebrar resistencias y montar extorsiones o chantajes. Conviene mencionar aquí que, en un estudio con sujetos normativos que puntuaban alto en escalas de psicopatía, se encontró una activación acentuada de la circuitería cerebral del deseo ante la posibilidad de ganancias monetarias.[39] Se los estudió en una tarea de respuesta atencional rápida ante estímulos breves que aparecían en pantalla y que iban asociados a ganar o perder dólares (cinco o uno, según el ensayo) centavos (veinte por ensayo), o nada de nada. En los instantes con oportunidad de ganancia, cuanto mayor era la puntuación psicopática de los participantes, mayor era también la activación de la señal fMRI, en el núcleo *accumbens* del cerebro, que es el territorio primordial de procesamiento del deseo. Es decir, el apetito disparado por la promesa de dinero crecía en paralelo a la proclividad psicopática. Previamente se había obtenido, mediante escaneo PET (tomografía de emisión de positrones), que esos individuos respondían con una mayor liberación de dopamina, en ese mismo lugar del cerebro, ante la administración de un estimulante anfetamínico. Hay que indicar que esos vínculos se dieron con la faceta impulsiva-agresiva de la propensión psicopática y no con la manipulativa-insensible, sin depender, por otro lado, de ninguna otra de las medidas usadas.

Por tanto, al menos uno de los dos grandes vectores de la psicopatía, el antisocial, se ha podido vincular con una funcionalidad neuroquímica singular en los sistemas centrales de gratificación. El hecho de que ese ingrediente de la psicopatía curse con una hipersensibilidad ante la gratificación anticipada puede explicar la tendencia a prescindir de inhibiciones y a dar salida, incluso, a intimidaciones y agresiones instrumentales para conseguir el objeto deseado. En los individuos que alcanzan el diagnóstico de psicopatía en firme eso puede combinarse con una reacción atenuada o nula ante las señales de padecimiento ajeno o ante la posibilidad de sanción. Con lo cual hay ahí un cóctel perfecto y decididamente peligroso, avivado por el fulgor del dinero.

El arrastre del poder

La biología impone que en el trayecto para alcanzar cotas altas de poder político resulten primados quienes reúnen condiciones para el bandidaje parasitario. Los individuos astutos, dominantes, crueles, persuasivos, falsos, manipuladores y audaces son óptimos candidatos para situarse en posiciones de ventaja en las luchas por el poder. Esos atributos dependen de propiedades y sutilezas en la circuitería neural y de múltiples resortes hormonales…

… Entre los políticos de relumbrón y también entre los de segunda y tercera fila hay una desmesurada proporción de delincuentes disfrazados de servidores de la comunidad. En todas partes va así: en la política hay una sobrerrepresentación de granujas ataviados con traje impecable, escoltas y coche oficial, que solo emerge, de vez en cuando, al quedar al descubierto los casos de corrupción desaforada. Es así y continuará siendo así. Todo el mundo lo sabe. Todo el mundo es consciente de ello. Quienes ocupan lugares preeminentes en el gobierno de las gentes no suelen ser los más sabios, ni los más imaginativos, ni los más prudentes, ni los más generosos, ni los más esforzados, ni los más responsables ni los más bondadosos. Al contrario: los mandamases suelen ser individuos avispados, cínicos y farsantes que se aprovechan de la necesidad acuciante de conducción y del prurito de alimentar ilusiones de futuro que sienten los humanos.[186]

A. TOBEÑA, 2008

Eso escribía yo mismo antes de que se desencadenara el rosario de escándalos de corrupción que ha venido jalonando el día a día, en España, a lo largo de la Gran Recesión. Cuando lleguen tiempos mejores y se hayan renovado, a fondo, los protagonistas de la gobernación en las diversas instituciones y estratos del poder político hispánico, lo dicho ahí continuará siendo válido. Lo será porque la atalaya del poder supone un polo de atracción formidable para los bribones, los pícaros y los trepas, para los individuos con talento para la desvergüenza e incluso para los psicópatas genuinos. En particular, los de la variante «exitosa» o de «cuello blanco», aunque no solo para ellos. De ahí que nadie albergue dudas sobre el particular y de que haya que ir constatando, una y otra vez, que en el elenco de los grandes malvados destacan no pocos tiranos y gerifaltes de otras épocas y algunos de la nuestra también. Y que eso parece tener poco remedio.

En las últimas décadas se han conseguido abrir veredas para empezar a desmadejar los vectores a través de los cuales el poder político alumbra malignidad. Aparte de los mecanismos de autoselección y promoción de granujas de diverso pelaje y condición, hay otros arietes que se han investigado con provecho. Los estudios de psicología política han permitido conocer que incrementando la percepción de poder o de estatus, de manera real o imaginada, en el laboratorio, se reduce la toma de perspectiva y aumenta la distancia respecto de los demás.[186] Se puede llegar incluso a la ceguera completa hacia los problemas ajenos. Esas circunstancias de incremento de poder conducen a aumentar, asimismo, los prejuicios y los estereotipos, de manera que cuanto más estatus o poder personal, menor proclividad cooperadora y mayor tendencia a las conductas egoístas.[150]

En experimentos llevados a cabo en Lausana se intentó deslindar hasta qué punto dos de las variables que se consideran cruciales en asuntos de poder, el número de seguidores o subordinados que tiene un líder y sus niveles basales de testosterona, se relacionan con el grado de corrupción económica.[21] Trabajaron con alumnos de Ciencias Empresariales de la universidad pública que debían tomar decisiones reales en el Laboratorio de Economía Comportamental. Lo hacían de forma anónima y a través de pantallas de ordenador, en tiradas del juego del dictador que acababan reportando dinero real al finalizar esas sesiones, de unos quince minutos de duración. El hecho de ir a parar a la condición de líder o de subordinado era azaroso. En el primer experimento participaron 480 estudiantes, 162 de los cuales (21 años de edad de media, 100 de ellos varones) actuaron como líderes: las opciones eran tener uno, dos o tres subordinados y las oportunidades para decidir oscilaban, asimismo, entre una que era bastante equitativa, otra que repartía el montante disponible a partes iguales y otras antisociales que primaban ostentosamente el trozo de pastel que se autoasignaba el «líder-dictador» detrayéndolo del que iba a parar a los subordinados. Los resultados indicaron, con rotundidad, que cuantos más subordinados y más opciones para elegir tenía un líder (es decir, mayor poder), mayor era la tendencia a tomar decisiones clamorosamente egoístas (corruptas). Hay que recordar que en el juego del dictador el líder decide sin cortapisas y los subordinados no tienen voz alguna y reciben la parte del pastel que les otorga graciosamente el líder.

En el segundo experimento participaron otros 240 estudiantes de procedencia, edad y distribución de géneros similar al grupo anterior, a quienes habían medido antes los niveles de testosterona y cortisol en reposo, así como diversos rasgos del temperamento y su tendencia a la honestidad o al egoísmo en un juego sencillo de confianza inversora –una variante del dilema del prisionero– en tirada única. Una semana más tarde, de nuevo en el laboratorio de Economía, debieron tomar decisiones en el juego del dictador en unas condiciones parecidas a las del primer experimento: variaban el número de subordinados y de opciones económicas que escoger. Había, sin embargo, una salvedad: se había dilucidado antes cuál era la opinión de los 240 participantes sobre cómo debería ser el comportamiento responsable de un líder ante la decisión de repartir un regalo disponible (solo el 3,3 % se decantó por las opciones antisociales, en teoría). A pesar de ese espléndido punto de partida en cuanto a probidad, los resultados de la conducta real volvieron a indicar que cuando se tenían varios subordinados y diversas opciones para elegir (mayor poder decisorio), más de la mitad de los que jugaron como líderes se decantaron por opciones corruptas que les reportaron unas ganancias sustanciosas (por encima de los 50 $ para esas breves sesiones de laboratorio). En detrimento, por supuesto, de las ganancias de los subordinados. La testosterona basal aumentó mucho esa tendencia y también lo hizo el egoísmo previo, mientras que la honestidad de base la atenuaba. Ahora bien, cuando se juntaba mucho poder y alta testosterona predominaron las decisiones corruptas, con independencia del grado de honestidad, tanto en muchachos como en muchachas.

Hay ahí, por tanto, unos hallazgos[21] que robustecen el rol de esos dos factores en la aparición de la conducta abusiva y parasitaria. El primero es la oportunidad de ejercer poder sin cortapisas: esa circunstancia lleva a aumentar la tentación y a la comisión efectiva de abusos leoninos. Pero desempeña también un papel notable el factor «persona»: a los honestos de veras les costó, mucho más que a los deshonestos, aprovecharse de situaciones propicias para abusar. Ahora bien, un vector tan silencioso como los niveles de testosterona podía noquear, con facilidad, las puntuaciones previas en honestidad. Por consiguiente, hay que concluir que el poder corrompe, sin duda, pero sobre todo cuando lo ejercen personas que flaquean en honestidad o que acarrean cócteles hormonales que promueven el egoísmo parasitario y descarnado. Hay múltiples datos coincidentes para la testosterona, en ese aspecto, y los hay también para otras sustancias inductoras de ambición y atrevimiento.

Desvergüenza seductora

Otra circunstancia que contribuye a la renovación invariable de la estirpe de los villanos es que acostumbran a tener un notable éxito seductor en el ámbito amoroso.[185] De hecho, compensan la mengua de oportunidades sexuales a causa de las cuarentenas por las temporadas en prisión o las derivadas de tener, por regla general, unos itinerarios vitales más breves que el resto de los mortales a base de interacciones carnales frecuentes y variadas. Además de las ventajas de partida que suponen el aplomo, el encanto, el atrevimiento y las habilidades manipulativas en las sutiles interacciones del cortejo entre varones y hembras, está el arrastre automático de la señalización dominante y el fulgor del dispendio desinhibido y la ostentación aparatosa.

Pero más allá de esos factores, en el juego de los emparejamientos sexuales hay preferencias femeninas que tienden a primar una señalización muy primaria: las mujeres jóvenes prefieren a los individuos que, en los atributos distintivos de su físico, en el porte e incluso en el habla, pregonan una intensa carga androgénica. Es decir, dominancia, afición al riesgo y ambición. Esa tendencia se acentúa en los días fértiles de su ciclo menstrual, hasta el punto de llegar a seleccionar, para las aventuras breves e intempestivas, a individuos que por su talante y rasgos físicos anuncian una propensión a la infidelidad y a la desvergüenza, sin disimulos ni paliativos. Los datos a favor de esa tendencia femenina espontánea son legión, en muchos estudios y en diferentes culturas. Por supuesto, para los emparejamientos a largo plazo rigen otros criterios. Pero incluso el orgasmo femenino parece acompasarse mejor y ser mucho más productivo cuando se alcanza en el trato íntimo con esos personajes.[185] Quizá todo eso tenga alguna relación con las claras disparidades numéricas entre psicopatía masculina y femenina que hay que discutir a continuación.

8.
Malvadas:
psicopatías femeninas

Los varones acaparan de una manera tan ostentosa la crónica policial y judicial que a menudo parece que la malignidad femenina es tenue o nula. Como si las mujeres estuvieran infradotadas para el comportamiento dañino, predador o corrupto. Y no es así, por descontado. Hay que constatar, de inmediato, que las comparaciones sobre la implicación en incidentes violentos arrojan distancias taxativas entre sexos: en el registro de asesinatos, homicidios, asaltos con violencia física y robos con intimidación suele haber nueve hombres por cada mujer. Esa gran desproporción se repite en todas las sociedades, tanto si han alcanzado estadios avanzados de desarrollo como si todavía viven en hábitats primitivos.[146] Y vale tanto para los incidentes graves como para los que se limitan a la disputa, el altercado o la trifulca sin consecuencias mayores. Una parecida distancia existe, asimismo, en la población reclusa de ambos sexos en las cárceles y en los centros de internamiento de menores: esa proporción de nueve prisioneros por cada prisionera se repite en todos lados. Hay, por consiguiente, una enorme brecha en la proclividad dañina de hombres y mujeres, aunque se descuenten las distintas formas de violencia sexual, un ámbito donde el monopolio masculino es casi incontestado.

La magnitud de esa diferencia oculta, sin embargo, la contribución femenina a la malicia y a la predación. Con ello no me estoy refiriendo tan solo a los crímenes de gran resonancia protagonizados por mujeres (mafiosas o terroristas destacadas, torturadoras profesionales, asesinas en serie, adolescentes que han martirizado a compañeras hasta llevarlas a la muerte o madres que han infligido abusos y padecimientos sin fin a sus hijos), sino a un extenso abanico de acciones lesivas. Los episodios de alto voltaje criminal hay que buscarlos, por supuesto, dentro de aquel diez por ciento de incidencia de la delincuencia femenina severa. En cualquier caso, a pesar de que los sesgos con que solemos operar en estos asuntos conduzcan a sospechar que el diferencial lesivo entre ambos sexos es inmenso, los datos de los registros de criminalidad tienden a corroborar, una y otra vez, la desproporción de nueve a uno entre hombres y mujeres singularmente dañinos.

Psicopatías femeninas

Es cierto, sin embargo, que se ha dedicado mucha menos atención a las malvadas que a los malvados, probablemente por esa misma razón: porque las bolsas de población reclusa femenina son más reducidas y mengua, por consiguiente, la base de sujetos que estudiar. La cuestión ha mejorado en los últimos años, pero el panorama dista mucho de poseer la riqueza de hallazgos que hay para los malvados masculinos.[136,196]

Los datos apuntan a que la proporción de féminas psicópatas puede que sea algo menor que en los varones (un 0,5-1 % de las mujeres). En la población reclusa femenina también hay, al parecer, menos psicópatas, y su presencia no rebasa el 15 % de las encarceladas. De todos modos, esas cifras hay que tomarlas con cautela porque los estudios todavía no tienen la suficiente amplitud. El retrato genérico de los rasgos psicopáticos femeninos es idéntico al de los varones:

> Las psicópatas son egoístas descarnadas, centradas exclusivamente en sus intereses, y actúan con deliberación y sin escrúpulos ante los perjuicios que ocasionan a sus víctimas y sin temor ni aprensión alguna ante las posibles consecuencias. En la faceta interpersonal, son explotadoras, manipuladoras, falsas, egocéntricas y dominantes. En lo afectivo, muestran emociones cambiantes y superficiales, son incapaces de vincularse con personas o principios compartidos y carecen de sentimientos de culpa, de remordimiento o de temor genuinos. Y en la faceta conductual, suelen ser impulsivas, necesitan sensaciones fuertes y son inestables, propensas a saltarse las normas y a incumplir las responsabilidades y las obligaciones.

Se las detecta bien con la PCL-R de Hare (véase p. 41) y con otras escalas de psicopatía, aunque tienden a obtener puntuaciones algo más bajas que los hombres. Por consiguiente, todo apunta a una reproducción algo atenuada y un punto menos frecuente que la toxicidad psicopática masculina.

Hay ingredientes peculiares, sin embargo, en la psicopatía femenina que adornan aquel retrato con tonos especiales: la reiteración de las conductas problemáticas eclosiona en la pubertad y mucho más raramente en la infancia, hay menos concurrencia de la violencia física y cuando la hay suele limitarse al entorno familiar más cercano, suelen predominar los engaños y las falsedades en las relaciones entre amigos, son muy frecuentes los síntomas histéricos así como los lamentos físicos y las somatizaciones, hay maltrato frecuente o negligencia de las criaturas y la prostitución y el abuso de sustancias son habituales. Es frecuente, asimismo, que reciban etiquetas diagnósticas de «trastorno límite de la personalidad» con su vistoso cortejo de autolesiones, inestabilidad afectiva, apatía y conductas erráticas e impulsivas.[136,179,196]

En el primer estudio de neuroimagen con una muestra amplia de reclusas con diagnósticos de psicopatía,[86] se efectuaron escaneos fMRI en 156 prisioneras y en 46 controles no reclusas mientras contemplaban series de imágenes desagradables. El objetivo era intentar detectar si había una mengua de la actividad neural en diversas regiones límbicas ante imágenes con fuerte carga afectiva, tal como suele observarse en los psicópatas masculinos.[56,57,143] La mitad de esas imágenes desagradables denotaban acciones con claras transgresiones morales y también se usaron imágenes neutras. Los resultados indicaron que el patrón general de respuesta cerebral ante esas imágenes emotivamente intensas era parecido en las reclusas y en las no reclusas. Lo mismo ocurrió al comparar las respuestas ante las imágenes con carga moral respecto de las emotivas sin transgresión moral. Hubo tendencias, en ambos casos, a una reactividad límbica menor en las mujeres encarceladas. Al analizar los patrones de covariación apareció en las reclusas una potente relación negativa entre el grado de psicopatía, según la PCL-R, y la activación amigdalar y del cingulado anterior ante la visión de imágenes desagradables comparadas con las neutras. Cuando la comparación se restringió a las imágenes con carga moral, respecto de las desagradables, se perdió ese nexo con la hipoactividad en aquellas zonas y solo lo hubo en la juntura temporoparietal.

Esos resultados corroboran que la psicopatía femenina, al igual que la masculina, se caracteriza por una reducida actividad límbica durante el procesamiento emotivo, sin que eso se traslade al procesamiento de la transgresión moral. La implicación de la encrucijada temporoparietal en la evaluación de la transgresión moral es un hallazgo que no tiene parangón en las psicopatías masculinas. Hay ahí, por tanto, un indicio de procesamiento neural peculiar ante situaciones comprometidas que quizá distinga entre psicopatías masculinas y femeninas. En otras medidas cognitivas y de reactividad fisiológica también han comenzado a aparecer distinciones,[86] aunque esos resultados hay que considerarlos preliminares. No debería extrañar, sin embargo, que a pesar de la matriz común para una y otra psicopatía, aquellos barnices o tonos peculiares que destacan en la descripción clínica de ambos cuadros puedan tener su correspondencia en el procesamiento cerebral. Las tácticas competitivas de hombres y mujeres tienen espectros distintivos y en esos extremos asociales y predadores puede que emerjan también.

La condición femenina no conlleva, por tanto, benignidad, aunque el peligro que acarrean las mujeres y el reguero de damnificados que dejan sea mucho menor que el de los hombres. Además de la contribución de la psicopatía y de otras anomalías neuropsiquiátricas con reducida incidencia, la malignidad femenina ordinaria debe nutrirse de los motores competitivos cotidianos. La agresividad femenina tiene ahí un papel nada trivial.

Agresividad femenina cotidiana

Aunque saben prodigar virtudes que derivan del andamiaje biológico para el cuidado de la prole, las mujeres acarrean unos resortes competitivos nada despreciables. En los envites entre mujeres o en las cuitas con los hombres, la combatividad femenina despliega una gran versatilidad, tanto en las tácticas agresivas como en las manipulativas. Ocurre, sin embargo, que suele pasar más desapercibida por la aparatosidad y la asiduidad de los percances ocasionados por los varones.[12,13,25]

Así, cuando se anotan con minuciosidad las agresiones de «baja intensidad» en la vida familiar, las mujeres suelen llevarse la palma en diversas medidas. En habilidades como los desplantes y los sarcasmos, las burlas y los gestos insidiosos, las vejaciones, la negación o la desatención hay clara predominancia femenina. Todos esos datos concuerdan, por cierto, con otros muchos que han podido constatar una superioridad femenina en aptitudes de la cognición social. Esa ventaja la presentan las muchachas desde la infancia o la adolescencia temprana y la saben administrar a lo largo de la vida. Las mujeres tienen un cerebro algo mejor equipado que el de los hombres para captar e interpretar los sentimientos ajenos y aprovechan esa superioridad cognoscitiva para lastimar, cuando conviene, recurriendo a dardos verbales o gestuales que impactan de lleno en la línea de flotación de la autoestima de los rivales.[100]

En las cuitas entre hombres y mujeres debe contrastarse ese talento diferencial para la comprensión empática con la brecha en poderío físico. Las mujeres tienen, por término medio, una corpulencia inferior en un 10-20 % a la de los varones, que puede, a su vez, resultar en una desventaja del 50 % en fuerza muscular. Ese es un hándicap de base que tuvo, probablemente, un papel determinante en el reparto de roles a lo largo del itinerario de nuestros ancestros. Ahora cuenta menos gracias, sobre todo, al progreso antiagresivo y moralizante como resultado de los avances en tecnología.[146] De todos modos, aquella discrepancia en poderío físico sigue siendo relevante porque en los encontronazos confiere una ventaja radical. De ahí que los varones recurran con más frecuencia a la violencia física mientras que las mujeres usan otras tácticas lesivas. En las cuitas entre mujeres, sin embargo, aunque las sutilezas competitivas se adornen con todo lujo de ardides, no es excepcional que la escalada dé paso al ataque físico (el «hooliganismo» vandálico no es infrecuente en el fútbol femenino o en otros deportes de contacto).

Hay, pues, diferencias claras entre la combatividad masculina y la femenina. Los hombres despliegan tácticas que implican violencia física con mucha mayor asiduidad que las mujeres. El mecanismo que sustenta esa diferencia es la distancia basal en el armamento físico y en los engranajes neuroendocrinos del empuje competitivo que tienen ambos sexos. Por el contrario, en las tácticas que implican combatividad verbal, gestual o indirecta (la dirigida a los intereses, el estatus o la reputación de los rivales), los rendimientos andan igualados y en algunas habilidades combativas vinculadas a la cognición social las mujeres superan a los hombres.[12,13,22,44] De ahí que en el registro de fraudes, estafas y abusos económicos de todo tipo aquella disparidad o desproporción delictiva de nueve a uno tienda a disiparse, a medida que va cristalizando la igualación de roles en todos los ámbitos profesionales.

Incluso en las tragedias por violencia doméstica, en las que las mujeres se llevan la peor parte, de manera incontestable, las cifras no se corresponden con lo anunciado por los medios. Las oleadas de homicidios conyugales tienen, ahora, una repercusión tan estruendosa que a menudo parece que el goteo de mujeres asesinadas por sus parejas lleve visos de alcanzar proporciones epidémicas, cuando no es así. Los porcentajes incriminatorios son ostentosamente superiores para los hombres, pero la distancia entre ambos sexos es menor de lo que suele pregonarse. En cifras norteamericanas de las dos últimas décadas, el 62 % de las muertes conyugales fueron debidas a los maridos y el 38 % a las esposas. En España, los datos judiciales sobre violencia doméstica dan un 70 % de varones homicidas y un 30 % de mujeres homicidas. Por tanto, la desproporción es taxativa, pero no tan apabullante como se suele reiterar.[12,24,44,118]

Cerebros combativos distintivos

Las diferencias sexuales en combatividad no pueden asignarse, por el momento, a una organización peculiar y distintiva en las estructuras y los circuitos que conforman la trama del cerebro combativo: las regiones neurales encargadas de dar curso a las salidas agresivas no presentan, por ahora, diferenciaciones entre ambos sexos.[134,137] Hay que indicar, no obstante, que se trata de engranajes primitivos del cerebro afectivo que son de difícil acceso y que no han sido abordados aún con las técnicas de escaneo o de morfología zonal más resolutivas para detectar distinciones en función del sexo. En cambio, las diferencias son notorias en algunos sistemas subcorticales (amígdala, hipotálamo) que se encargan de orquestar reacciones emotivas como la ira o la hostilidad. Se ha llegado a vincular, incluso, la mayor presencia de trastornos de personalidad antisocial en los hombres a la reducción del volumen de sustancia gris en regiones ventrales, mediales y orbitales de la corteza prefrontal que distinguen a las psicopatías con tintes más conflictivos y virulentos. Existen datos que han corroborado el nexo entre menos sustancia gris prefrontal y las considerables diferencias en comportamiento antisocial entre ambos sexos en gente normativa y sin contacto alguno con el sistema judicial o el sanitario.[158]

Donde sí hay distingos sexuales firmes es en el armamento neuroendocrino que actúa en esas regiones cerebrales para modular su trabajo. Me refiero, con ello, a las sustancias que, procedentes de la periferia corporal o elaboradas en el propio cerebro, trabajan en esas zonas neurales para facilitar o inhibir el empuje competitivo o los brotes agresivos. Las hormonas sexuales son los primeros protagonistas que hay que tener en cuenta. Los andrógenos actúan como facilitadores de la combatividad y la dominancia, y las cifras circulantes son muy diferentes en hombres y en mujeres, aunque presenten una enorme variabilidad dentro de cada sexo. Ya se tienen datos sólidos que confirman que las mujeres dadas a la combatividad física, la dominancia y las actividades deportivas arriesgadas presentan unas cifras androgénicas destacadas.[54,120,140,141] Es decir, que las féminas de temple más ambicioso y temerario poseen un sesgo androgénico a pesar de la ausencia de glándulas testiculares. Por otra parte, las oscilaciones hormonales prototípicas del ciclo menstrual generan una reactividad cambiante en el estado de ánimo que se acompaña de variaciones del umbral de irritabilidad ante los percances. Y la cosa no acaba con los andrógenos, los estrógenos y los progestágenos, por supuesto. Hay otras muchas sustancias que modulan las salidas agresivas, promoviendo o frenando la combatividad.[134,148,184]

Las hormonas de la alarma/estrés (las del eje corticoideo, la adrenalina, la noradrenalina, la vasopresina) desempeñan un papel relevante en los envites competitivos y hay diferencias sexuales consistentes. Así, por ejemplo, existen datos que señalan que las adolescentes con una conducta disruptiva reiterada no solo comparten con los chicos más rebeldes un incremento en los perfiles testosterónicos, sino unas cifras bajas de cortisol (la hormona diana del estrés corrosivo). Por otra parte, las diferencias sexuales en el funcionamiento serotonérgico u opioideo central están siendo mapeadas con precisión y modulan los estilos competitivos de ambos sexos: hay multitud de hallazgos que las relacionan con la regulación inhibidora de la agresividad. Y hay más. La oxitocina promueve proximidad y dependencia afectiva y eso implica, de ordinario, una restricción para las expresiones agresivas, con variaciones en función del sexo. Comienza a haber datos, asimismo, de que la vasopresina central es un inductor agresivo relacionado con la posesividad celosa en mamíferos y en humanos. Los celos constituyen un potente dinamizador emotivo con trazos distintivos en función del género y pródigo para los conflictos sentimentales severos.

El empeño en dibujar unos perfiles neuroendocrinos que sustenten los rasgos de la agresividad distintiva en hombres y en mujeres va más allá de lo sugerido hasta aquí.[137,148] Pero ¿depende todo de las prescripciones y las modulaciones de orden biológico? ¿Debemos asignar las diferencias en el talante combativo entre hombres y mujeres a una descripción de las cascadas neuroendocrinas? ¿Dónde quedan las influencias de la cultura patriarcal, de los estilos educativos distintivos, de las desigualdades y los «techos de cristal» discriminatorios? Pues sí, ese es el mensaje: las diferencias sexuales en combatividad deben enraizarse, en primerísimo lugar, en los engranajes neuroquímicos, porque no hay frontera más nítida que el sexo en la diferenciación biológica. No solo hay un cromosoma específico a su servicio, sino un vasto cortejo de señales moleculares dedicadas a la construcción de unas morfologías externas y unos dispositivos internos claramente distinguibles. Eso incluye el cerebro, lugar donde se cuece en última instancia la expresión de rasgos tan conspicuos del carácter como la agresividad, la ambición o la dedicación cooperadora.[190]

Cambios culturales y combatividad femenina

Los datos indican, por tanto, que las mujeres comunes y corrientes no son necesariamente benignas. No lo son aunque esté archidemostrado que sus estilos competitivos ocasionan muchísimas menos bajas que sus congéneres masculinos. Las influencias culturales tienen, no obstante, una potencia insoslayable porque pueden alterar esa morbilidad diferencial.

Usaré dos ejemplos: últimamente se viene registrando una consistente tendencia al alza de la combatividad femenina, en todos los frentes, que está erosionando aquella desproporción de 9/1 del daño varonil respecto del femenino. Son hallazgos tentativos, pero tanto en las agresiones que conducen al encarcelamiento como en los alborotos y encontronazos de menor importancia aquella distancia está mermando hasta acercarse al 8/2. Esa creciente presencia femenina en las cifras de delincuencia habrá que asignarla, en principio, a variaciones culturales recientes que auspician la eclosión de una malignidad frenada, hasta ahora, por constricciones sociales.[118]

Hay otros datos concordantes: en las adolescentes disruptivas (las que prodigan los episodios de novillos, escapadas del hogar, hurtos, gamberrismo, peleas con los compañeros, crueldad para con los animales o las personas débiles y marginales), las distancias entre chicos y chicas son inferiores a lo esperado. La incidencia promedio de esa anomalía comportamental es del 8 % para las muchachas y del 12 % para los chicos. Ese hiato es, por tanto, más modesto que en las cifras globales de conflictividad o delincuencia. Una buena parte de esas adolescentes culminan una socialización satisfactoria en los años subsiguientes, pero una porción no desdeñable persiste con la conducta conflictiva, que se extiende hasta la juventud y las etapas adultas.

El siguiente ejemplo concierne a la influencia de las horas de televisión durante la infancia, adolescencia y primera juventud sobre la conducta agresiva posterior. La evidencia más consistente procede de un trabajo longitudinal efectuado en una muestra amplia de familias del estado de Nueva York.[98] A lo largo de 25 años se evaluaron los hijos o hijas de 707 familias mayoritariamente blancas y católicas, partiendo de la edad de cinco años al inicio del seguimiento. Se obtuvieron datos en cuatro ocasiones a lo largo del periodo y la evaluación final, el año 2000, incluyó no solo las respuestas de hijos y madres, sino los registros policiales del FBI. Los resultados indicaron que el alto consumo televisivo durante la adolescencia (a los 14 años) se asociaba a una mayor incidencia de conductas agresivas a los 16 y los 22 años, con cifras superiores para los muchachos.

Esa vinculación reapareció al comparar las horas dedicadas a ver la televisión a los 22 años respecto de la conducta agresiva a los 30 años, pero en ese periodo el efecto fue más potente en las chicas, hasta el punto de llegar a igualar los resultados de los varones. En conjunto, esos datos revelan que existe un subgrupo de jóvenes de ambos sexos en los que coincide un alto consumo televisivo con todo tipo de conductas disruptivas y delictivas, sin que pueda discernirse una direccionalidad en esa mezcla. El efecto se mantenía cuando se ponderaba la posible influencia del nivel socioeconómico bajo, el abandono infantil, los abusos precoces, el consumo de sustancias ilegales y otras variables que predicen agresividad.

En las pesquisas sobre diferencias sexuales en combatividad se ha progresado desde la descripción cuantitativa hasta los experimentos dirigidos. Así, al recibir dosis bajas de testosterona, las mujeres pierden parte de su habilidad para la detección emotiva y la comprensión empática. Es decir, disminuye su ventaja en atributos nucleares de la cognición social donde, por lo común, superan con creces a los varones. También varían la hostilidad, la aversión al riesgo y el temor ante las amenazas físicas (se vuelven más atrevidas), en consonancia con cambios funcionales en la circuitería cerebral moduladora de la agresividad.[192] La cautela ante las decisiones financieras arriesgadas también puede modificarse mediante la potenciación androgénica.[166] En conjunto, por consiguiente, se han obtenido pruebas de que induciendo un sesgo neuroendocrino transitorio sobre engranajes específicos se cambia el estilo cognitivo y el afectivo de uno de los géneros para acercarlo al del sexo opuesto.

Existe, por consiguiente, un arsenal de datos para sustentar con solvencia que los hombres y las mujeres disponen de circuitos neurales y cascadas neuroendocrinas distintivas para competir en los escenarios sociales. Los rendimientos, por ambos lados, son espléndidos y en general parecidos, pero con perfiles diferenciables. En definitiva, que los hombres y las mujeres usan unos circuitos y unos cócteles neuroquímicos parcialmente sesgados para alcanzar sus metas en todo tipo de cuitas y litigios. Lo cual incluye las batallas por el poder en cualquier ámbito, desde el familiar al profesional, en sus variantes ordinarias y en las de riesgo.[186]

9.
Radares vigilantes de la maldad

Las ventajas que los humanos saben extraer de la convivencia apacible y el gran aprecio en que la tienen pueden llevar
a pensar que los sistemas de vigilancia para incurrir en el
mínimo daño o perjuicio posible deberían venir de fábrica.
Que los resortes morales, eso que falla de manera estentórea
en malvados y malvadas y que son a menudo frágiles, o que
pueden incluso anularse en muchísima gente, deberían tener
unos mínimos garantizados.

Códigos y doctrinas

Pero no es así, como se ha visto, y de ahí que no haya doctrina de raíz secular o religiosa sin prescripciones morales
y códigos normativos. Hay que propiciar unas virtudes que
solo algunos bienaventurados acarrean y practican sin esfuerzo. Esas virtudes básicas llevan nombres como generosidad, compasión, culpa, remordimiento o vergüenza, que
remiten a reacciones emotivas que suelen desencadenarse

ante un perjuicio o desdoro en el trato social.[78,147] Pero su encendido no es automático ni obligatorio para todo el mundo y de ahí que los códigos normativos contengan todo tipo de recomendaciones para favorecer su práctica.

Últimamente ha habido progresos en las pesquisas sobre los fundamentos de las intuiciones morales básicas. Se ha constatado, para empezar, que algunas de esas intuiciones –la aprensión ante el sufrimiento y el dolor ajeno, la generosidad y el sacrificio por los allegados, el buen trato con vecinos y clientes, los sesgos equitativos y el «sentido de la justicia» (*«fairness»*), la protección hacia los desfavorecidos o discapacitados, la aversión ante el sufrimiento de los animales– pueden medirse con fiabilidad.[79,81] Los hallazgos indican, asimismo, que esas intuiciones van surgiendo, en fases bastante tempranas, durante la maduración de las criaturas y pueden cuajar con independencia del tipo de instrucción doctrinal, secular o religiosa, recibida.[75, 145]

En algunas religiones, las reglas de las conductas permisibles y rechazables son a menudo tan puntillosas que acaban configurando las pautas y los mimbres de toda la vida comunitaria. Los datos etnográficos indican que las divinidades moralizantes no son imprescindibles para que afloren las conductas honestas, compasivas y cumplidoras en los negocios humanos. Según parece, las divinidades de los cazadores-recolectores no acostumbran a inquietarse por cuestiones de conducta moral:[138] en esas pequeñas comunidades donde los encuentros entre parientes y conocidos son muy frecuentes, no hace falta que los agentes sobrenaturales se ocupen de esos menesteres y anden vigilando el comportamiento cotidiano de cada cual, porque el escrutinio social es incesante.

Generosidad y cumplimiento de normas

La vinculación entre la ayuda al prójimo y la práctica religiosa ha resultado ardua de detectar y eso es un problema para los que pretenden derivar las prescripciones morales de la instrucción de base eclesial. Hay muchos hallazgos que lo corroboran. Así, en una prospección sobre las donaciones de sangre en Estados Unidos, por ejemplo, usando una muestra con más de 7.600 mujeres y casi 4.300 hombres entre los 18 y los 44 años de edad, en las mujeres hubo una tenue vinculación positiva entre la práctica religiosa y la donación sanguínea, nexo que se evaporó al tener en cuenta la estratificación social. En los varones no se apreció vinculación alguna, de conjunto, entre uno y otro rasgo.[70]

En los laboratorios de psicología social se ha constatado, no obstante, que la religiosidad favorece la conducta cooperadora, y eso ya resulta más convincente.[138] Cuando se activan pensamientos de naturaleza religiosa a base de superar test verbales que contienen nociones espirituales o devotas, mejora la cooperación en juegos económicos anónimos.[170] Al compararlos con test neutros, la facilitación implícita con nociones religiosas duplicó las donaciones a desconocidos en un juego del dictador de tirada única. Además, esa impregnación preconsciente con ideación religiosa acentuó la generosidad, aunque la propensión a hacer favores no tuviera ninguna relación con la devoción o la espiritualidad de los participantes. Hay que resaltar, asimismo, que la impregnación con nociones morales seculares también propició la generosidad.

En los grupos de comparación de esos experimentos (participantes que no recibían la impregnación previa), la decisión más habitual de los participantes fue embolsarse todo el dinero disponible en cada tirada (10 dólares). En cambio, en los que recibieron una impregnación religiosa, la opción más socorrida (casi la mitad) fue repartir el dinero equitativamente. Esas intervenciones mediante impregnaciones con nociones seculares o religiosas inadvertidas pueden propiciar, asimismo, incrementos en la dedicación a actividades prosociales y mejorar las puntuaciones en índices de honestidad.

Usando un montaje parecido, pero trabajando con muestras de universitarios de Valparaíso, un par de investigadores chilenos[5] obtuvo resultados que confirmaron los norteamericanos, no tan solo en la generosidad en el juego del dictador, sino en las opciones que denotan confianza cooperadora en el dilema del prisionero. Los participantes provenían de ambientes católicos, pero su adscripción dependió de sus respuestas: 124 sujetos fueron catalogados como religiosos y 100 como no religiosos. Al recibir impregnación religiosa inadvertida mientras resolvían test verbales, aumentaron las donaciones: se pasó de un 25 a un 35 % de los 10.000 pesos a repartir en el juego del dictador. Los egoístas, que no ofrecieron ni un solo «peso», cayeron del 18 al 6 % y los generosos, que regalaron la mitad del fondo, treparon del 17 al 28 %. En el dilema del prisionero, los que se decantaron por confiar en desconocidos se acercaron al 50 %, y cuando no hubo impregnación religiosa cayeron al 25 %. Es patente, por tanto, que al situar a los individuos en un contexto inadvertido, aunque repleto de nociones religiosas, aumenta la cooperación a despecho, incluso, de la carencia de creencias.

Las conductas egoístas y oportunistas pueden ser atenuadas, por consiguiente, mediante el contacto pasivo con nociones que evocan la presencia de agentes sobrenaturales, quizá debido al miedo o la aprensión que puedan inducir. De todos modos, hay que subrayar que esos estudios de laboratorio se refieren a intervenciones instantáneas e informan poco sobre el papel de la proclividad religiosa en la conducta cívica y prosocial duradera. Sin olvidar, además, que la impregnación inadvertida con nociones morales de origen secular consiguió resultados parecidos.

Al explorar si hay vínculos entre la religiosidad y la tendencia a decir mentiras o a incurrir en falsedades o engaños no se han encontrado vínculos de ningún tipo (en ocasiones se han detectado tenues nexos positivos, es decir, a mayor devoción, mayor mendacidad). Pero el grueso de datos indica que la religiosidad, medida como vivencia más o menos intensa o como práctica más o menos regular, no predice la frecuencia o la proclividad mentirosa o insincera del personal. Azim Shariff y Ara Norenzayan decidieron averiguar si la acentuación de la honestidad y la generosidad que promueve la impregnación con nociones religiosas estaba vinculada con el estilo punitivo de los agentes divinos. Se preguntaron si eran los atributos benéficos de los dioses (el amor, la compasión) o sus rasgos amenazantes (el castigo, la venganza punitiva) lo que influye en la propensión a mentir en una situación de laboratorio.[171] Montaron experimentos con universitarios de Estados Unidos de procedencias étnicas y religiosas diversas, y los colocaron ante problemas de cálculo en la pantalla de un ordenador. Se les avisaba, sin embargo, de que había un pequeño fallo en el programa de seriación de los problemas, de manera que si no presionaban la barra espaciadora del teclado, al cabo de pocos segundos, el buscador web hacía emerger la solución correcta, en pantalla, para cada enunciado. Es decir, esperando unos instantes podían acceder a la solución. Se les pedía, por eso, que tan pronto como apareciera el problema en pantalla clicaran la barra sin demora y respondieran, con honestidad, a cada cálculo. Esos clics al espaciador posteriores a la presentación de los enunciados quedaban registrados, dando así el total de mentiras (los clics tardíos) para cada jugador. En el primer estudio no controlaron la afiliación religiosa ni la personalidad de los participantes, pero en el segundo sí lo hicieron, días antes, a través de un sondeo *online* privado, donde las preguntas clave iban solapadas en medio de cuestiones sobre asuntos muy diversos.

Los dos estudios constataron que cuanto más intensa era la visión personal de Dios como punitivo, rencoroso y vengativo, menos mentían los participantes, y a la inversa, cuanto más favorable la imagen de Dios (afectuoso, comprensivo y compasivo), más alta la tasa de mentiras. No apareció, por el contrario, ningún nexo entre la creencia en Dios y la propensión a mentir, y el número de mentiras tampoco se asoció con ninguna de las medidas de personalidad o de práctica devota, a pesar de que se repitió un hallazgo habitual en los test de mentiras, en el sentido de que las mujeres tendían a mentir más que los varones. Cabe concluir, por tanto, que la intensidad de las creencias o el grado de devoción importan menos que el tipo de Dios en quien se cree cuando hay que poner freno a las tentaciones o a las conductas deshonestas. Eso concuerda con la función de garantes supremos del orden que a menudo se ha adjudicado a las divinidades,[153] y también con atributos del magín de los humanos, como se verá a continuación.

Vigilancia social

Si hay ojos que vigilan, dispositivos que captan y registran el devenir de la vida cotidiana, todo el mundo (o casi) tiende a cumplir mejor las normas. Todas ellas, desde las básicas e inmutables hasta las convenciones sociales más sensibles a las modas y las circunstancias cambiantes. Y todo el mundo es consciente de ello, aunque no se reconozca con facilidad. No hace tanto tiempo que la instalación de cámaras de vigilancia en la vía pública o de radares en las carreteras fue recibida con alarma. Hoy forman parte del paisaje y todo el mundo (o casi) acepta que han contribuido a promover la observancia de reglas y límites. Según parece, no podemos escapar a ese sino: hay una minoría selecta y altamente cumplidora de personas que no necesita ojos vigilantes para cooperar y comportarse con civismo, pero la mayoría sí los requiere. Es así desde que los grupos humanos ancestrales se expandieron hasta alcanzar magnitudes en las que no hay manera de seguir el rastro de la gente con quien se tiene que interactuar. En las urbes y en las sociedades vastas, las reglas de cooperación derivadas tan solo de la interacción con familiares y allegados o en el intercambio de favores y servicios entre conocidos tienden a flaquear y la confianza, la generosidad y la ayuda mutua se desmoronan al predominar el anonimato y las tentaciones que lo acompañan.

Hay muchos datos que muestran que la sensación de anonimato favorece la propensión a mentir, engatusar o actuar de manera egoísta. Incluso la sensación ilusoria de anonimato, como, por ejemplo, llevar gafas oscuras, favorece el sesgo egoísta: en unos estudios de laboratorio en universidades canadienses y norteamericanas unos estudiantes que participaban en juegos económicos con desconocidos y que tenían que repartir un regalo monetario que les había tocado (juego del dictador) eran menos generosos cuando llevaban gafas de sol que cuando no las llevaban. Cuanto mayor era la percepción de anonimato gracias a las gafas oscuras, menor prodigalidad, en dinero contante y sonante, en los repartos ofrecidos.[209]

Por el contrario, cuando hay vigilancia social, ya sea porque se está interactuando ante una cámara o ante una audiencia, la generosidad aumenta. Incluso la exposición a siluetas de ojos humanos colocadas de manera que adornen los rincones de la pantalla del ordenador favorece las conductas cooperadoras con extraños.[83] Las criaturas hasta los nueve años de edad, por cierto, también mienten menos si se las ha convencido de que hay un agente invisible que observa su conducta: de hecho, esos agentes pueden llegar a ser tan efectivos como un adulto para monitorizar y hacer cumplir normas.[149] Por tanto, el personal se comporta mejor cuando sospecha que es observado o cuando el cerebro computa, automáticamente, que puede haber vigilancia y la impunidad no está garantizada.

El radar omnisciente

Esa acentuación de las maneras socialmente «correctas» aparece incluso cuando ha habido algún contacto anterior, inadvertido, con nociones divinas.[69] El personal se comporta como si Dios tuviera cámaras y monitores instalados en el cielo. La mayor parte de los hallazgos procedentes de sociedades primitivas robustecen esa noción. Al pasar de las tropas y las tribus de tamaño reducido a los grandes asentamientos y ciudades, los dioses se convirtieron, a su vez, en todopoderosos, omniscientes e intervencionistas y asumieron, en algunas culturas, los atributos de policía suprema.

En un estudio llevado a cabo a partir de los datos etnográficos de 186 sociedades representativas de la variedad de culturas en todos los continentes, se constató que la presencia de dioses primigenios (creadores de la realidad y gobernadores de acontecimientos y conductas) está vinculada a un mayor tamaño de las comunidades, un mejor cumplimiento de normas, el seguimiento policial, el manejo de dinero y el pago de tasas al fondo común.[97] Un amplio grupo de etnógrafos liderados desde Vancouver (Canadá) por Joseph Henrich consiguió confirmar todo eso mediante observaciones de campo, haciendo jugar a 2.148 individuos de poblaciones africanas, americanas, asiáticas, de Nueva Guinea y de Oceanía que incluían pequeñas tropas de cazadores-recolectores, así como pescadores, pastores, horticultores y trabajadores a sueldo, con tamaños que iban desde los 20 hasta los 4.600 individuos.

Les hicieron participar en sesiones del juego del dictador y del juego del ultimátum en interacciones con desconocidos. Los resultados indicaron que las ofertas generosas dependían, en primera instancia, del grado de inmersión de cada comunidad en mercados de acceso a bienes y servicios con sus reglas locales y, en segundo lugar, de la adscripción a una gran religión mundial (islam o cristianismo, en esas sociedades). La cercanía a un mercado aumentaba las ofertas generosas a desconocidos un 20 % de media y pertenecer a una gran religión entre un 6 y un 10 %.[91] Los participantes jugaron siempre de manera anónima con desconocidos de su propia etnia, ya que la capacidad de superar fronteras identitarias es restringida.

Puede colegirse, por consiguiente, que la aparición de agentes sobrenaturales con capacidad vigilante y punitiva coincidió con el surgimiento de sociedades complejas y modernas.[153] Hasta el punto de que la religiosidad y la moralidad han acabado tan entreveradas que a menudo se las ha equiparado, erróneamente, y se ha llegado a pregonar que si se prescinde de la primera se hundiría la segunda. En las ultratecnificadas comunidades políticas donde ahora vivimos, las divinidades que han mantenido una influencia considerable retienen aquellos atributos de garantes policiales supremos. Y aunque es innegable que el juramento –poner a la divinidad como testigo en acuerdos y compromisos– ha perdido parte de su exigencia comprometedora, la evocación del Altísimo como sello último de garantía continúa rigiendo en la intrincadísima red de transacciones económicas y en los mercados financieros regionales y globales.

Limpieza moral

La arquitectura cognitiva humana permite, en cualquier caso, una fantástica flexibilidad, y eso también se aplica a las intuiciones y obligaciones morales. Podemos pasar con facilidad del remordimiento al autoperdón y la bonhomía satisfecha, y esos resortes para los virajes en los tonos afectivos son colonizados por las congregaciones con buen ojo para sacarles partido. La limpieza moral es uno de los engranajes que han permitido erigir iniciativas dedicadas a las donaciones compensadoras de privilegios abusivos. Algunas instituciones religiosas han sabido convertir eso en un chorro de caudales económicos, hasta el punto de devenir instancias muy poderosas. En nuestro tiempo, esas aportaciones «limpiadoras de conciencia» han sido aprovechadas para recaudar capitales y para reclutar voluntarios por las ONG. Hay que tener presente que el ansia por reubicar la autoimagen y la valoración personal hacia franjas positivas es común y punzante para muchísima gente. Basta con evocar, tan solo, algunas circunstancias ordinarias algo deprecatorias, que no hay modo de evitar (negligencias u omisiones perjudiciales, incumplimientos de plazos, conductas no del todo corteses en la conducción automovilística, bromas pesadas), para que aumente la necesidad de aportar dinero a un fondo común y rehacer, de esa guisa, la autovaloración y la reputación social. Tan acuciante es esa necesidad, en ocasiones, que puede conducir a la urgencia de higienizar la conciencia moral «manchada» mediante la limpieza corporal.

Una serie de estudios[112] mostraron que el hecho de recordar o de detallar por escrito vivencias personales de conductas reprobables (mentiras, incumplimientos) lleva, en test de palabras incompletas, a identificar un mayor número de palabras relacionadas con la higiene (jabón, detergente, colonia, dentífrico) o a seleccionar objetos vinculados con la limpieza personal después de revivir el recuerdo inquietante. Ese vínculo entre la suciedad moral y la física o entre la asepsia higiénica y la pureza de conciencia tiene tradición en muchas doctrinas, en las que impregna los usos ordinarios del lenguaje y promueve elaborados rituales de limpieza.

En esos mismos experimentos, cuando después de recordar o escribir sobre episodios poco modélicos se daba a los sujetos un estuche con productos de higiene y se les dejaba que lo usaran antes de entrar en una sala de ordenadores, los que se habían limpiado las manos aportaban menos dinero a un fondo común en un juego económico. Es decir, los que se habían distanciado del recuerdo desagradable mediante la limpieza ya no sentían tanta necesidad de hacer aportaciones generosas. Hay datos que amplían todo eso, de modo que los que se instalan en una posición de superioridad moral a base de cultivar la autovaloración positiva o una limpieza física impecable se otorgan «licencia» para aportar menos o para ser más duros con los demás en sus juicios morales.[165,112] Los balances de la conciencia moral son, por tanto, muy complejos y requieren abordajes sofisticados. De ahí la necesidad de crear especialistas e instituciones concretas dedicadas a las tareas de vigilancia y sanción.

10.
Sanciones:
de los justicieros a la justicia

Vigías y policías

En las comunidades complejas los garantes del mantenimiento del orden social pertenecen a castas especializadas: los vigías y los cuerpos de contención armados. Es decir, inteligencia, policía y milicia. En las crónicas históricas siempre se ha otorgado más relevancia a la última que a las dos primeras, por ir ligada a los afanes bélicos. Afanes que suelen ser decisivos en el asentamiento territorial y en la expansión o el arrinconamiento de cualquier población. Es más que probable, sin embargo, que las dos funciones esenciales de los vigilantes armados, las batallas contra los forasteros y el mantenimiento de la cohesión y el orden internos, confluyeran inicialmente en los mismos individuos. Seguramente así fue durante muchísimo tiempo, hasta que la sofisticación armamentística y la escalada del tamaño comunal, propiciada por el sedentarismo, llevaron a diversificar los ámbitos del combate respecto de los del control, el espionaje y la punición.[33,52,53]

En los primates las funciones de vigilancia doméstica, las propias de la policía, son ejercidas por los mismos sujetos que capitanean los raids de conquista o las acciones punitivas ante tropas vecinas.[204] Los individuos de alto rango, los que reciben el mayor número de expresiones de condescendencia o reverencia por parte del resto de los miembros del clan, suelen ser los que intervienen más a menudo para separar a contendientes enzarzados en disputas y disipar así conflictos capaces de extenderse al resto de los miembros del grupo. Esa función policial es crucial para mantener la cohesión interna y favorece, además, los contactos, el juego diversificado e incluso la apertura de contactos sexuales múltiples.[64] La actuación policial efectiva no solo disminuye el nivel de agresividad y conflictividad intragrupal, sino que actúa como un facilitador social. Como una vaselina para el disfrute de una mayor variedad de opciones en la vida comunitaria.

No es casual que el sustantivo «policía» evoque esa garantía de convivencia que han detectado los zoólogos en las sociedades de nuestros parientes simiescos. Entre humanos, a menudo basta con la mera señalización de la presencia policial para que surja el efecto ordenador: los paseos de los agentes calman el caos en las aglomeraciones y los festejos, de la misma manera que el avistamiento de radares, cámaras y coches patrulla modera el ímpetu de los conductores en el asfalto. Es obvio, por supuesto, que una policía pertrechada con normas abusivas puede convertir esa facilitación de la sociabilidad en una opresión asfixiante. Eso ocurre cuando, además de las ordenanzas, se permite que los cuerpos policiales actúen con impunidad. Hay multitud de ejemplos de ello, y algunos sistemas políticos del siglo xx con una desmedida obsesión controladora llevaron esa perversión a su extremo edificando estados policiales. Algunos todavía perduran como campos de concentración a gran escala, con barreras infranqueables en los límites fronterizos y vigilancia insidiosa e implacable.

Es una preocupación antigua: hay que vigilar a los vigilantes mediante múltiples sistemas de escrutinio garantista porque, en no pocas ocasiones, la obsesión fiscalizadora surge de los propios cuerpos policiales, que tienden a ampliar áreas de dominio y a atenazar la vida social, laminando iniciativas de cualquier género. De hecho, las cleptocracias extractivas y abusivas que todavía se engarzan en una buena parte de los países del planeta asientan su gobierno en la colusión entre el poder político, la milicia y la policía. Cuando se accede a monopolios de poder es difícil resistir las oportunidades para instaurar tiranías esclavizadoras, y de ahí que la policía sea asociada, con frecuencia, al abuso y la corruptela descarada.

Las democracias bien trabadas tampoco escapan a esas tentaciones, ni mucho menos. Basta con repasar los incidentes judiciales donde resultan implicados policías, gobernantes y representantes políticos, en todos lados, para hacerse una idea de ese tipo de derivas y promiscuidades. Los datos de opinión pública no pueden ser más ilustrativos:

en el pórtico de la Gran Recesión (sondeo del CIS: 19-8-2007), el 52 % de los españoles creían que una considerable proporción de los políticos que los representaban estaban implicados en casos de corrupción, mientras que un 26 % pensaba que algunos estaban implicados en esas prácticas. Eso daba un apabullante 78 % de ciudadanos que consideraba ese fenómeno como frecuente. El 22 % restante se dividía entre el NS/NC y los que pensaban que la corruptela política es excepcional. Por consiguiente, había una conciencia clara de la amplitud del fenómeno, sin necesidad de que hubieran salido a la luz los rosarios de casos que los largos años de penurias posteriores han destapado. Por cierto, las preguntas de ese calibre sobre los cuerpos policiales siguen siendo tabú.

Instituciones punitivas

El castigo o la amenaza creíble de recibirlo promueve orden, cooperación y civilidad. Así es, aunque las resistencias a aceptar esa noción sean roqueñas entre los cínicos, que se apuntan al autoperdón tan habitual en las sociedades satisfechas. Puede ser útil recordar, no obstante, que ninguna de esas sociedades ricas se ha atrevido a prescindir de la policía y de las cárceles, sino más bien al contrario: todos los datos indican que los efectivos policiales públicos y privados no hacen sino crecer y que los establecimientos penitenciarios proliferan de manera incontenible.

La evidencia experimental de que el castigo promueve la cooperación y la civilidad es demoledora,[89,90,169,178] y consolida, con datos sólidos, las admoniciones que los observadores más penetrantes sobre la condición humana habían ido repitiendo a lo largo de los siglos. De hecho, para inducir cooperación, respeto y trato amable tiene más potencia la punición que el premio o la emulación de los buenos ejemplos. Hay incluso estudios que indican que, puestos en la tesitura de optar entre una sociedad donde prima la autorregulación espontánea, sin sanciones de ningún tipo, respecto de otra donde hay sanciones institucionalizadas, esa segunda opción resulta vencedora de manera inapelable.[80] El experimento se llevó a cabo con 84 estudiantes de la Universidad de Erfurt (Alemania), sin relación alguna entre ellos, en 30 rondas de un juego económico de «bienes públicos».

Se trataba de un juego con dinero real (puntos convertibles en dinero), donde había libertad para aportar en cada tirada las inversiones que cada cual decidía a un fondo común, que resultaba a su vez incrementado por rendimientos positivos (aportados por el programa de investigación). En ese estudio alemán, las ganancias obtenidas en cada ronda se distribuían equitativamente entre todos los participantes (hubieran invertido o no), de manera que en la condición sancionadora estaban previstas multas para los sinvergüenzas que participaban de los beneficios sin haber aportado nada por su parte, así como premios para los generosos. En cambio, en la condición sin sanciones, no había manera alguna de castigar a los desertores o de premiar a los desprendidos y todo quedaba al albur de la cordialidad, la candidez o la desvergüenza de los participantes.

En esas condiciones hubo una clara preferencia inicial hacia el juego libre y sin sanciones: el 63 % lo prefirió así, mientras que un 37 % optó por el juego con sanciones institucionalizadas, lo cual corrobora la existencia de una aversión humana espontánea hacia las instituciones punitivas. Al final de cada tirada todos los sujetos recibían información sobre los rendimientos obtenidos por el resto de participantes en las dos condiciones de juego y podían decidir entre continuar en su grupo o cambiarse. Ahora bien, a medida que fueron progresando las rondas, prácticamente la población entera (93 %) acabó migrando desde la comuna «libre» hacia la sociedad sancionadora. Al llegar a la ronda veinte, más del 90 % de los sujetos se habían apuntado ya a ese tipo de «sociedad» y efectuaban aportaciones al fondo común que se acercaban al 100 % de la asignación que recibían. Es decir, se habían convertido en cooperadores sistemáticos y extremadamente generosos. En cambio, en la condición libre o sin sanciones, las aportaciones a la bolsa común cayeron en picado desde los ensayos iniciales y a partir de la ronda 15 eran ya nulas. La cooperación había estallado por los aires a pesar de que, al principio, las ganancias fueran claramente superiores para los avispados y aprovechados que se habían instalado en esa sociedad libre y sin puniciones.

El análisis de los resultados indicó que ese viraje tan radical de conducta se debió, sobre todo, a la presencia de un 13 % de sujetos que mostraban una gran propensión a contribuir, de entrada, al fondo común (más de ¾ partes de su asignación), al tiempo que castigaban, de inmediato, a los abusones aun a costa de ver mermar su beneficio (los altruistas genuinos, en la jerga sociobiológica). La mayoría de esos sujetos escogió ubicarse, desde el inicio, en la sociedad sancionadora, aunque también hubo unos pocos que se decantaron por la condición no punitiva al principio, pero migraron con rapidez para alinearse con sus iguales.

En juegos con rondas repetidas y posibilidad punitiva, esa es una estrategia vencedora y promovió unanimidad cooperadora en el conjunto de la población. El arrastre fue tan convincente que pasó por encima del tenue, aunque no trivial, margen de beneficio que se obtenía si se aportaba mucho, pero se prescindía de castigar: casi el 70 % de los sujetos optaron, en las rondas finales, por la estrategia combinada de aportaciones máximas y palo inclemente al que caía en la tentación del escaqueo.

Se trata, por descontado, de un juego con unas condiciones fijadas de antemano, pero con dinero contante y sonante que al final del experimento los sujetos se llevaban a casa y con opciones libres en cada ronda. Constituye, por consiguiente, un modelo espléndido de los efectos prosociales de la punición y de los avisos de sanción en circunstancias que permiten generar beneficios colectivos. Hay ahí un germen del poder «policial» ejercido por los demás de cara a conseguir ganancias comunales del tipo que sean. Esa deriva hacia la cooperación y la observancia de las normas sociales inducidas por el castigo ajeno tiene, por descontado, su vertiente amarga cuando se usa para excluir o discriminar.

Vigilancia de los vigilantes: policía de alto rango

La relevancia inexcusable que tiene la policía como garante de la sociabilidad cumplidora, por un lado, y como depositaria de la información crítica sobre los litigantes en cualquier disputa, por otro, explica su rango indiscutido en la arquitectura del poder social. Los sistemas y los idearios se van sucediendo, es decir, triunfan, se acomodan y fenecen, pero la policía, por el contrario, permanece. No consigue jamás el fulgor de los estratos jerárquicos supremos, pero se mantiene insustituible.

Cuando la crónica histórica deviene seria salen a relucir los personajes que, situados en las cercanías del mando máximo o directamente instalados en él, tenían a las fuerzas policiales detrás. No hace falta remontarse a las leyendas de Fouché, de Beria o de Edgar Hoover para ilustrarlo. Unos cuantos líderes de hoy en día, de signo y relevancia dispar, Vladimir Putin, Raúl Castro, Mariano Rajoy, Nicolas Sarkozy y diversos miembros de la familia Bush, han tenido responsabilidades mayores en la comandancia policial en sus respectivos países. Entre los primates, por cierto, las funciones policiales quedan reservadas a los ejemplares de más alto rango.

No debe descartarse que bajo la maraña de cargos, agencias, oficinas y departamentos que pueblan las intrincadas administraciones contemporáneas subyazca una veta que alimenta el mismo fenómeno. La sustancia del poder es la capacidad para imponer un orden practicable. Más abierto, permeable y acogedor o más constreñido y atenazador, pero orden al fin y al cabo. Y eso continúa descansando, sobre todo, en los hombros de los distintos cuerpos policiales, desde los agentes dedicados a la inteligencia hasta los de la policía judicial.

Además, por descontado, de los complejos engranajes y estamentos de la maquinaria judicial entera. Es decir, del sistema de imponer sanciones o de prescribir compromisos de obligado cumplimiento, por parte de unos «terceros aceptados» por los litigantes, en cualquier conflicto. Unos terceros, los jueces o los jurados, que intervienen como instancia prescriptora de las normas que rigen en una comunidad. Ese tipo de institución social es una característica de las sociedades humanas que surgió en tiempos remotos y para la que pueden buscarse también vestigios en las sociedades de los primates en acciones correctoras o conciliadoras por parte de los animales de más rango, que ya comentamos, aunque la sofisticación que ha alcanzado en humanos es apoteósica.

Justicia neural

Eso también puede llevarse al laboratorio de neuroimagen, aunque sea de forma incipiente. Joshua Buckholtz lidera, en Boston, un grupo de investigadores que se ha adentrado en los mecanismos de la regulación neural de las decisiones de aplicar castigos a quienes transgreden normas, esa tarea que deben llevar a cabo, con regularidad, jueces y jurados en los tribunales. Las nociones de culpabilidad y de daño infligido son, como podía esperarse, capitales para modular la sanción aplicada.[37] Montaron esos estudios partiendo de viñetas donde se mostraba a los sujetos escenarios plausibles que implicaban diversos tipos de transgresión y que debían ser ponderados y sancionados. Los escenarios eran docenas de variantes del siguiente:

John salió a dar una vuelta en su nuevo coche, cuando un imprevisible fallo mecánico hizo que el vehículo, de repente, comenzara a dar bandazos, de manera que se precipitó contra la acera adyacente e hirió fatalmente a una persona que estaba esperando en la parada de autobús. ¿Hasta qué punto John es culpable de esa muerte? ¿Qué castigo merece?

O, en un escenario alternativo:

John salió a dar una vuelta en su nuevo coche, cuando sorprendió al novio de su antigua pareja esperando en una parada de autobús. Él ya había amenazado antes con matar a ese individuo y procedió a cumplir la amenaza. Agarrando firmemente el volante, dirigió el coche contra la parada de autobús y mató a esa persona. ¿Hasta qué punto es culpable John de esa muerte? ¿Qué grado de castigo merece?

Esas comparaciones ilustran el añejo principio jurídico encapsulado en la frase «un acto no hace culpable a un reo, a menos que la mente sea también culpable». Aunque se trata de un principio mucho más sutil, su lógica básica se aplica en la mayoría de los procedimientos legales. Los códigos enumeran multitud de conductas prohibidas, pero cometer uno de esos actos prohibidos (*actus rea*) no es suficiente, por sí solo, para merecer una sanción penada. En la ley, la culpabilidad se pondera en función del estado mental que acompaña a los actos punibles. La culpa es, por tanto, asignada mediante la combinación de la acción y la intención, con sanciones que dependen de la gravedad del daño infligido y de la intención perjudicial (*mens rea* = mente culpable). En esos dos escenarios, debe contrastarse la culpabilidad y el castigo que hay que aplicar por causar un daño idéntico, pero derivado en el primer caso de un mero accidente mecánico, mientras que el segundo, en cambio, era la consecuencia de una intención explícita de matar. Si todas las inferencias sobre estados mentales fueran tan sencillas como esas, el trabajo de los jueces y los jurados sería mucho más fácil. La ley reconoce, de hecho, que «la intención perjudicial» tiene gradaciones bastante más complejas que la distinción entre accidental y no accidental, y de ahí surgen las sutilezas para evaluar y castigar la culpabilidad.[131]

Estudios de neuroimagen fMRI[37,40,41] mostraron que en ese tipo de decisiones «judiciales» de terceros intervienen varios territorios cerebrales que trabajan en red elaborando inferencias sobre los estados mentales de los actores. Son regiones de la corteza prefrontal medial, de zonas posteriores de la corteza parietal, así como de la encrucijada temporo-parietal que hacen germinar los *flashes* y las secuencias interpretativas de los escenarios sociales por donde navegamos

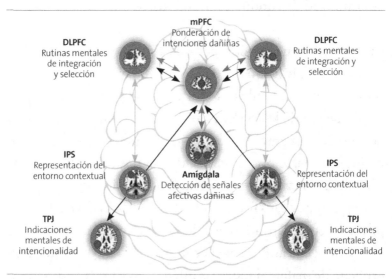

mPFC
Ponderación de
intenciones dañiñas

DLPFC
Rutinas mentales
de integración
y selección

DLPFC
Rutinas mentales
de integración y
selección

IPS
Representación del
entorno contextual

Amígdala
Detección de señales
afectivas dañinas

IPS
Representación del
entorno contextual

TPJ
Indicaciones
mentales de
intencionalidad

TPJ
Indicaciones
mentales de
intencionalidad

Figura 6. Regiones cerebrales de la red «mentalizadora» para las inferencias sobre los escenarios ideatorios ajenos cuando hay que aplicar sanciones. El modelo integra las regiones que participan en la evaluación de sanciones ante daños derivados de transgresiones normativas, aunque es aplicable a cualquier «película» mental sobre las intenciones, las motivaciones y las responsabilidades ajenas. Las interconexiones bidireccionales se refieren a tareas computacionales para las distintas funciones en los componentes de esa red. Las gris claro corresponden a interacciones de alcance entre IPS y DLPFC. Las negras representan conjeturas que tienen como nodos cruciales a mPFC y TPJ. Las gris oscura interconectan las cortezas prefrontales entre sí y con las señales con carga afectiva procedentes de los núcleos amigdalares. TPJ: encrucijada temporoparietal; IPS: circunvolución parietal inferior; mPFC: corteza prefrontal medial; DLPFC: corteza prefrontal dorsolateral. (Adaptada a partir de Buckholtz y Marois, 2012.)[40]

(figura 6, p. 168). Son los sistemas que contrastan la propia imagen con la ajena los que permiten efectuar saltos en las perspectivas de observación y, por eso mismo, generar conjeturas sobre las entendederas y los focos intencionales de los demás. En esas «películas» que va montando cada cerebro para intentar atrapar los modos de ver ajenos y procurar, si es posible, anticiparlos, pueden aparecer todo tipo de agentes que cumplen como actores imaginados.

La figura 6 ofrece un resumen de las principales regiones corticales que forman esa red inferencial así como sus conexiones con estructuras subcorticales que van otorgando valencia para cada evento o ítem evocado. De todos esos territorios, la encrucijada esencial para el montaje de las «escenas» interpretativas, con sus múltiples ingredientes, reside en la corteza prefrontal medial, incluyendo las zonas anteriores de la circunvolución cingulada, aunque para la ordenación e integración que preceden a la decisión, los territorios prefrontales dorsolaterales son insoslayables.

En los estudios sobre mediación neural del castigo sancionador, el equipo de Buckholtz incluyó una manipulación experimental:[42] aplicaron salvas de estimulación magnética transcraneal, dirigidas desde una bobina y a través del cráneo, hacia una zona delimitada de las regiones más altas y dorsales de la corteza prefrontal (DLPFC) de ambos hemisferios. Hicieron eso mientras los individuos evaluaban la culpabilidad y decidían la sanción que aplicarían ante diferentes transgresiones en una serie de viñetas con escenarios delictivos que iban desde un simple hurto hasta asaltos con violencia física o muerte.

En algunos casos, los escenarios permitían atribuir plena responsabilidad a los transgresores, mientras que en otros se daban circunstancias mitigadoras o justificadoras, con lo que se atenuaba la responsabilidad. Mientras se aplicaba, la estimulación magnética suspendía la actividad cerebral de la zona diana. Ese silenciamiento transitorio resultó en una disminución modesta, aunque consistente, de los castigos sin que la atribución de culpabilidad resultara afectada. Bajo la influencia de la entrada inhibitoria, por tanto, los «jueces» se mostraron más benignos al sancionar, sin que hubiera variado su estimación de culpabilidad. Ello se debía a un cambio en los vectores decisorios: con esos pulsos inhibitorios pasaba a tener más relevancia el daño que la culpabilidad, y ello conducía, en conjunto, a una menor punición.

En la misma región se detectó, mediante registros fMRI ante las mismas viñetas, una actividad selectiva de esa zona DLPFC para las opciones punitivas, sobre todo en el hemisferio derecho. Por consiguiente, hay ahí hallazgos que implican a zonas neurales concretas en los procesos cognitivos que hay detrás de la ponderación «judicial» de los delitos: hay regiones que trabajan para evaluar daño, culpabilidad y responsabilidad, por un lado, y hay otras que integran todo eso cuando hay que decidir la aplicación de un castigo y su severidad. Y aunque los resultados de esos experimentos fueron modestos en cuanto a magnitud del efecto inducido, abren rutas para incursiones vibrantes.

Culpa y contrición

Los códigos normativos reservan un papel determinante a la emoción «moral» de la culpa, tanto para señalar la dirección de los daños y las transgresiones como para ponderar, como se ha visto, el grado de sanción aplicable. La vivencia de culpabilidad genuina comporta desazón interna por haber violado una norma importante e implica asumir la perspectiva sancionadora de los demás, junto a la auto-deprecación. Eso es lo que detectó un equipo japonés[182] en un estudio pionero de neuroimagen donde colocaron a 10 chicos y 9 chicas jóvenes a leer series de frases, en silencio, dentro del escáner. Algunas llevaban carga de culpa (p. e.: «Me fui del restaurante sin pagar», «Traicioné a mi amigo»), otras comportaban vergüenza o ridículo (p. e.: «Vi que llevaba desabrochada la cremallera de la bragueta», «No sabía cómo manejar los cubiertos en aquel restaurante») y otras eran neutras (p. e.: «Lavé la ropa»; «Fui a cenar al restaurante»). Al asumir las situaciones de culpa o de ridículo, se incrementó la actividad en los territorios cerebrales implicados en hacer conjeturas sobre la conciencia ajena: algunas regiones de la corteza prefrontal medial y las áreas más posteriores del lóbulo temporal superior, sobre todo.

La diferencia con respecto de la actividad neural inducida por las frases neutras era taxativa y cuando se compararon la culpa y el ridículo, las zonas prefrontales anteriores y mediales destacaron ante la culpabilidad, mientras que en el ridículo hubo una implicación acentuada de la corteza visual relacionada con el esfuerzo de imaginar escenas comprometedoras. Tiene sentido porque la vergüenza acarrea un destacado componente de exposición pública, mientras que la culpa puede ser metabolizada en una esfera más privada. Un estudio norteamericano repitió esos mismos escenarios de culpabilidad distinguiendo, no obstante, entre las violaciones de normas y los fallos o inconveniencias que acarrean perjuicios para uno mismo y las que lo tienen para los demás. Es decir, culpa por mermas sufridas en la propia azotea o por haber lastimado al prójimo.

Comprobaron que la segunda se vive con más desazón que la primera y confirmaron la intervención de las zonas más anteriores y mediales de la corteza prefrontal en la modulación de la culpabilidad, aunque la metabolización de los entuertos lesivos ajenos requiere la participación de regiones frontales dorsales y laterales, así como parietales.[132] Usando otros métodos se han podido añadir áreas del cingulado anterior a ese panorama de regulación neural de la culpa a base de evocar experiencias personales culpables o frases inductoras de vivencias de remordimiento.[172,208] En cualquier caso, topamos de nuevo con la circuitería cerebral implicada en contrastar el flujo y los contenidos de la conciencia propia con la ajena, es decir, con las rutinas de monitorización entre la mentalización propia y la de los demás.

Francotiradores con y sin escrúpulos

En un laboratorio australiano llevaron el estudio de la culpa a un territorio mucho más comprometido: trataron de discernir las diferencias de procesamiento cerebral en una situación bélica imaginaria, distinguiendo entre tener que disparar a soldados enemigos o a civiles aparentemente desarmados, y lo pusieron en relación con el grado de culpa experimentado.[128] Para ello hicieron que 48 jóvenes (la mitad, chicas) contemplaran unos vídeos de una confrontación, en un lugar de Oriente Medio, grabados desde la posición de un francotirador emboscado y con perspectiva óptima de disparo. No tenían acceso, de ningún modo, a la opción de disparar: se les pedía, tan solo, que procuraran ponerse en la piel del francotirador cuando efectuaba esos disparos contra combatientes o contra civiles, mientras se les iba escaneando el cerebro ante vídeos sucesivos. Tal como cabía esperar, los participantes experimentaron mucha menos culpa en la tesitura imaginada de disparar a soldados que a civiles. Una reducción considerable, por cierto: pasaron de un grado de culpabilidad de 5,8 para liquidar a civiles, a 3,8 en el caso de los combatientes, en una escala de 1 (nada) a 7 (máxima culpa).

El mediador principal en el cerebro de esa diferencia en la culpa vivida fueron las zonas más laterales de la corteza orbitofrontal: al simular, mentalmente, la liquidación de civiles aumentó, de manera intensa, la actividad neural en esa región del cerebro (en ambos hemisferios), mientras que al liquidar soldados no lo hizo. Y para remacharlo, cuanta más culpabilidad se experimentaba, mayor actividad neural se registró en esa porción concreta de la corteza prefrontal. Son hallazgos que indican, por un lado, que sentirse responsable de una violencia justificada (liquidar combatientes enemigos) induce mucha menos culpa que la violencia injustificada (liquidar civiles), y que eso depende del grado de activación que se da en esa zona particular del cerebro, que estudios anteriores ya habían establecido como uno de los territorios ineludibles para la sensibilidad moral (véase capítulo 4).

Pero hubo más: al contrastar la eliminación (imaginada) de civiles respecto de la de combatientes, en medidas fMRI de conectividad funcional entre distintas regiones del cerebro, las encrucijadas temporoparietales de ambos hemisferios fueron los nodos preferentes de interconexión con aquellos lugares de la corteza orbitofrontal. Es decir, otra de las zonas cruciales para elaborar y ponderar conjeturas sobre lo que les ocurre a los demás interviene también en la eclosión de esa diferencia de culpabilidad ante los disparos y las muertes selectivas. Hubo, asimismo, mayor actividad neural durante la liquidación de civiles en zonas dedicadas al reconocimiento visual de rostros, mientras que para liquidar soldados, en cambio, se detectó un incremento de actividad neural en zonas relacionadas con el análisis del movimiento y del contexto espacial. O sea, como si al matar civiles se atendiera, sobre todo, a reconocer sus caras y para liquidar soldados enemigos se atendiera más al seguimiento preciso de sus movimientos. Son resultados impactantes, porque, a pesar de ser situaciones imaginadas, ilustran sobre los mecanismos que, probablemente, se ponen en marcha para poder silenciar algunas zonas del cerebro moral cuando hay que aplicar el máximo daño (justificado, ante enemigos armados) a otras personas.

Conviene recordar aquí el «silenciamiento espontáneo» que muestran los psicópatas precisamente en esas mismas zonas, al tomar decisiones que acarrean daño severo o al relatarlas ante una audiencia. Por otro lado, cuando se ha dado la oportunidad a universitarios normativos de actuar de manera deshonesta o corrupta, en juegos económicos de laboratorio, esas conductas antisociales también se acompañan de signos de atenuación en las reacciones del cerebro moral. Así, estudiantes valencianos que actuaban como funcionarios públicos para decidir adjudicaciones de proyectos, en una subasta, cuando aceptaban sobornos mostraban un descenso de la reactividad vegetativa (conductancia electrodermal), si no había inspección.[96bis] Y estudiantes londinenses que mostraron un incremento gradual de deshonestidad a base de mentir repetidamente a terceros detrayéndoles ganancias monterias, esa creciente amoralidad se acompañó de una disminución de actividad en las amígdalas cerebrales y de otras zonas del cerebro moral como la corteza insular.[68bis]

Culpa altruista

Se ha podido afinar todavía más, incluso, en las sutilezas del cerebro escrupuloso o culpable distinguiendo entre la culpa nuclear (deontológica) y la solidaria o altruista. La primera se refiere al lamento íntimo por la violación de reglas morales y puede llevar a la contrición y expiación. Es la culpa de la transgresión «pecaminosa» con la consiguiente autodeprecación y remordimiento. En cambio, hay sentimientos de culpabilidad que no arrastran contrición ni deseo expiatorio alguno. Más bien al contrario, encienden impulsos generosos y surgen, en ocasiones, al ser conscientes de disfrutar, sin merecerlo, de mayor fortuna que los demás. Esa percepción culpable la tienen algunos supervivientes de tragedias. Se estudió eso en chicos y chicas italianas a los que se presentaron frases indicativas de culpa nuclear versus solidaria junto a fotografías de rostros expresando rabia (por el desprecio experimentado) o tristeza (por el trance que estaban sufriendo). Los dos tipos de culpa inducen un aumento de la actividad en regiones prefrontales mediales y zonas del cingulado anterior, aunque en la culpa personal hay mayor intervención cingulada e insular, mientras que en la culpa altruista o solidaria hay más implicación de zonas de la corteza prefrontal medial.[18] Son curiosas esas distinciones, puesto que la primera modalidad de culpa conecta con el castigo expiatorio de tanta tradición en muchas culturas, mientras que la segunda no. Hay que subrayar, de nuevo, que esas disecciones de la percepción de culpa van a ayudar a mejorar diagnósticos, porque en individuos de talante psicopático con incapacidad para alimentar sentimientos de remordimiento culpable se han detectado anomalías estructurales y de funcionamiento en esas mismas redes de la circuitería cerebral.[10,48]

Además de desbrozar vivencias ante las violaciones de normas, hay que esperar que esas técnicas permitan acercarse a las tentaciones transgresoras y potencialmente dañinas, esto es, a un estadio previo al de las lamentaciones por la falta cometida, el pecado social y sus posibles consecuencias. Estadio que tiene una importancia decisiva en las recomendaciones de los códigos normativos. Esa preocupación por la prevención anticipada del mal puede conectarse con los consejos de responder con mesura ante el daño o el desdoro sufrido, es decir, con la promoción de la mansedumbre, la benignidad y los rituales del perdón[35] que promueven muchas doctrinas.

11.
Diagnóstico individualizado para los malvados

El Código Penal de Estados Unidos introdujo una cláusula especial en las pruebas de incapacitación para intentar evitar una posible absolución de los psicópatas. No obstante, esa exclusión concreta no regiría si el diagnóstico de la psicopatía pudiera ser establecido mediante una evidencia neurocientífica firme, en lugar de por la reiteración de la conducta criminal. Aunque esa preocupación es una mera conjetura, la cuestión de si los psicópatas son plenamente responsables de sus actos requiere ser planteada y constituye un área donde la neurociencia puede llegar a ser relevante para las decisiones legales que conciernan a la incapacitación mental.[1]

E. AHARONI *et al.*, 2008

Los delitos asignables a la ciudadanía ordinaria pueden conllevar dilemas nada sencillos en términos de atribuciones de imputabilidad y de responsabilidad, aunque la sabiduría judicial y pericial suele disponer, por regla general, de asideros bastante firmes: los métodos policiales para reunir y comprobar evidencias sólidas, por un lado, y la jurisprudencia acumulada, por otro, suponen garantías considerables. Ello contrasta con las notorias complicaciones que suelen aparecer cuando, en algunos delincuentes, se constatan singularidades insoslayables en su cerebro o un funcionamiento anómalo de los circuitos cerebrales dedicados a calibrar las decisiones con carga moral relevante –los sistemas del denominado «cerebro moral»–, como hemos visto que ocurre en el grueso de los psicópatas.[30,61,129,130]

Hasta hace muy poco, los métodos de la neurociencia no se habían considerado útiles o necesarios para las tareas de los tribunales de justicia y, más en concreto, para el diagnóstico de la psicopatía. Ahora, sin embargo, están adquiriendo potencial para influir en cómo se interpreta esa singular condición del carácter, en la medida en que la configuración y la funcionalidad de los cerebros de los psicópatas puedan vincularse con la reiteración criminal y la noción de responsabilidad. Si la neurociencia consiguiera describir con precisión y suficiente detalle cuáles son los circuitos cerebrales que permiten elaborar los juicios morales y cómo operan en circunstancias concretas, entonces la demostración objetiva de la existencia de singularidades o anomalías claras en esos circuitos o en sus operaciones podría ser utilizada como prueba de que algunos acusados quizá no puedan discernir, con el ajuste necesario, que sus actos están equivocados.

Por supuesto, a los psicópatas que resultaran absueltos o que consiguieran una sustantiva descarga de culpa y de sanción sobre esa base factual no debería permitírseles volver a la calle para cometer más crímenes. Se entiende que deberían ser institucionalizados en centros específicos o en hospitales para alteraciones mentales en condiciones de reclusión de alta seguridad y tal vez por periodos de tiempo más largos y en condiciones más estrictas que en las propias cárceles. Sin embargo, incluso si los psicópatas tuvieran un conocimiento difuminado e impreciso sobre la maldad y la toxicidad de sus actos, eso no necesariamente implica que carezcan por completo de la capacidad para detectar y comprender la naturaleza perjudicial de sus acciones lesivas. Solo si se alcanzara este último criterio, la neurociencia pasaría a ser jurídicamente insoslayable.

Conviene reseñar que algunas propuestas destilan un optimismo rotundo sobre los beneficios que debe reportar la intersección entre la neurociencia y la ley:

Podremos construir un sistema legal más firmemente sustentado en la ciencia y, aunque habrá que continuar excluyendo a los criminales de la sociedad, se personalizarán las sentencias y se aprovecharán nuevas oportunidades para su rehabilitación, proporcionando, con ello, mejores incentivos para el buen comportamiento. Los descubrimientos en neurociencia sugieren nuevos caminos que seguir por la ley y el orden: sendas que supondrán un sistema judicial más rentable, flexible y humanitario... Con una visión más profunda sobre la biología del comportamiento se fomentará una mejor comprensión de las bases de la reincidencia delictiva y eso permitirá dictar sentencias con fundamentos empíricos. Algunas personas tendrán que ser apartadas de la comunidad durante más tiempo (incluso toda la vida), debido a la alta probabilidad de reincidencia; otras, debido a diferencias en proclividad, serán menos propensas a reincidir y podrán ser liberadas antes… A medida que la ciencia del cerebro avance se entenderá mejor que las personas se distribuyen a lo largo de *continuums* de rasgos y habilidades en lugar de en categorías estancas. Las sentencias y la rehabilitación se adaptarán a ello.[62]

D. EAGLEMAN, 2011

Sin embargo, los investigadores más cautelosos y que conocen a fondo las limitaciones y la variabilidad de los hallazgos obtenidos en los laboratorios de neuroimagen o que se ayudan, asimismo, con otros procedimientos de diagnóstico alertan que:

Las posibles implicaciones de la caracterización de los correlatos neurales de la psicopatía pueden tener un gran alcance. Clínicamente, ese conocimiento podría ser utilizado para ayudar en el diagnóstico de la condición psicopática y quizás en la identificación de dianas neurales plausibles para su tratamiento específico. En el ámbito jurídico, los datos de neuroimagen podrían, quizá, proporcionar sustento adicional en cuestiones sobre la culpabilidad, la probabilidad de un futuro delito y las perspectivas para la rehabilitación. Sin embargo, los estudios de imágenes cerebrales de tipo estructural y funcional aún no han revelado un sustrato neural consistente para la psicopatía.[107]

M. KOENIGS *et al.*, 2011

Son los mismos que procuran acotar, con cuidado, los ámbitos provechosos de encuentro entre neurociencia y ley, al tiempo que señalan los peligros de exagerar las expectativas optimistas (figura 7).

El problema «grupo versus individuo» es, en principio, el que presenta unas aristas más complicadas en esa intersección. Saltar desde los hallazgos obtenidos en grupos de sujetos –la circunstancia típica de la inmensa mayoría de los

Figura 7. Peligros en la intersección entre neurociencia y ley. Esos peligros derivan de la discordancia entre las expectativas del sistema legal sobre la neurociencia, de la especulación, sin límites, de muchos comentaristas sobre las promesas que ofrece la neurociencia y de las limitaciones de los hallazgos neurocientíficos en su aplicación a los contextos legales. (Adaptada de Buckholtz y Faigman, 2014.)[41]

datos neurocientíficos– a las inferencias sobre el funcionamiento mental de un individuo en particular resulta temerario y abre zonas de incertidumbre. Hay maneras de acotar mejor ese salto en función de la solidez, la consistencia y la amplitud de los datos grupales, pero se pisa siempre territorio probabilístico y los profesionales de la ley deberían tenerlo en cuenta.

En cambio, la ausencia de una *lingua franca* entre juristas y neurocientíficos para poder delimitar y consensuar el conjunto de nociones aplicables a las funciones y los estados mentales, así como a los rasgos temperamentales y a los tonos emotivo-afectivos, es cosa que tiene mejor arreglo. Requiere un arduo trabajo de capacitación recíproca, eso sí, pero puede hacerse y alcanzarse sin obstáculos absolutamente insalvables.

Lo que es indudable es que hay ya muchos frentes de contacto e indagaciones conjuntas entre las neurociencias, la psicología experimental y la ley, a pesar de las resistencias que tanto la policía como los jueces, los fiscales y otros profesionales del derecho suelen tener hacia la ciencia en general y la neurociencia cognitiva en particular.[87] En la tabla III de la página 183 se presentan algunos de los campos que ya ofrecen resultados y vías prometedoras de avance para ayudar en las tareas de impartir justicia con probidad, proporcionalidad y rigor metodológico.[173,187]

Estos frentes de investigación indican que los neuropsicólogos, los neurobiólogos y los psiquiatras pueden trabajar con provecho y en común para ofrecer asesoramiento riguroso y cada vez más sólido en los problemas penales o civiles que los tribunales deben estudiar, dirimir y, si procede, sancionar. Problemas que las más de las veces son absolutamente singulares, es decir, que atañen a situaciones de N = 1 y que cada vez con mayor frecuencia requieren el concurso experto de esos profesionales.

Esas vanguardias de investigación no están cerca, ni por asomo, de la capacidad de predecir itinerarios plausibles que conduzcan a identificar a los futuros Breivik o Madoff (véase p. 19) que puedan ir surgiendo y que, por desgracia, infligirán daños incontables en nuevos episodios de criminalidad letal o económica. Tal objetivo no está en ninguna agenda realista de la neurociencia de la psicopatía y la criminalidad.

Tabla III. Derecho y neurociencia: ¿una pareja improbable? Del laboratorio a los tribunales

Los neurocientíficos y los psicólogos cognitivos están teniendo ya un impacto relevante en el sistema legal gracias a investigaciones de frontera en:

- Procesos y etapas en las decisiones de los jurados populares.
- Procedimientos para el interrogatorio de testigos.
- Métodos en ruedas de reconocimiento.
- Selección de jurados: estudio de sesgos y prejuicios.
- Memorias borrosas y erróneas.
- Confesiones falsas.
- Análisis de voz y de gestualidad.
- Detección neurocognitiva de falsedades y mentiras.
- Evaluación de impulsividad.
- Evaluación del daño/sufrimiento psicológico.
- Perfiles neuropsicológicos delictivos.
- El cerebro/mente de criminales agresivo-impulsivos.
- El cerebro/mente de asesinos en serie y otros criminales reflexivos.

En todas las áreas de la psicología cognitiva listadas en la tabla III hay, no obstante, herramientas prestas para ofrecer ayuda cada vez más sofisticada a los detectives, a los jurados y a los magistrados que tengan la obligación de analizar y ponderar los casos delictivos más desafiantes y complejos, así como a los que lidian con los más comunes y corrientes.[11,40,41]

Neurogenética de la propensión violenta: matización de las decisiones judiciales

Cuando un delincuente se presenta ante un juez, el sistema legal pretende discernir hasta qué punto es responsable de sus actos: ¿son sus acciones el resultado de sus decisiones dañinas o emergen de su biología? Esa es una cuestión mal planteada. Todas las decisiones que tomamos están íntimamente vinculadas a nuestra circuitería neural y no hay manera de separar esos dos niveles. Cuanto más sabemos de neurociencia más complicado deviene el concepto de responsabilidad y más debemos exigir a los procedimientos del sistema legal... La neurociencia comienza a ocuparse de cuestiones que pertenecían a los dominios de los filósofos o los psicólogos, cuestiones como el modo en que las personas toman decisiones y hasta qué punto esas decisiones son plenamente autónomas. No son cuestiones triviales. En último término, llegarán a modular las teorías jurídicas y permitirán edificar una jurisprudencia más sustentada en el conocimiento biológico.[62]

D. EAGLEMAN, 2011

Aunque la ortodoxia jurídica demande que una persona debe ser juzgada en función de las condiciones reales y de su capacidad mental en el momento del acto delictivo, con independencia de cualquier predisposición a presentar un trastorno o a incurrir en conductas inapropiadas, exigir pruebas del estado mental de un sujeto en cualquier instante es poco razonable y poco realista. El problema de deslindar ese tipo de información mental no es nuevo ni se restringe siquiera a las predisposiciones genéticas. En realidad, poco puede hacerse más allá de «inferir» el estado mental de un sujeto, y eso es lo que los tribunales intentan todos los días. Los tribunales de justicia dependen de observaciones del comportamiento (si hay testigos fiables) y de las evaluaciones posteriores de tipo psiquiátrico o de cualquier otro orden. Y esas dos fuentes de datos son meros correlatos de la situación y de la capacidad mental real de los sujetos de cara a elaborar un escenario plausible sobre un estado mental. Es decir, para construir una inferencia. Aunque la ortodoxia jurídica quizá fuera reticente a definirlo de este modo, todas las inferencias son por definición probabilísticas. Y aun así, la doctrina jurídica reconoce el problema cuando establece la salvedad de que «más allá de cualquier duda razonable» no equivale a «sin ninguna duda». Dicho de otro modo, las probabilidades cuentan porque ayudan a elaborar mejores inferencias sobre los estados mentales y, como corolario, las predisposiciones cuentan también, porque proporcionan datos útiles para establecer probabilidades.[19]

M. L. BAUM, 2011

Los marcadores génicos de la impulsividad y la propensión violenta ya han hecho acto de presencia en las cortes de justicia en litigios penales que han suscitado polémicas muy intensas. El protagonista más destacado ha sido el gen de la MAO-A y sus variantes de alta y baja eficiencia (véase p. 76). Los intentos de los letrados defensores de usar hallazgos sobre esas variantes génicas para intentar anular o mitigar la culpabilidad de algunos de sus defendidos basándose en que son portadores de las variantes que podían acrecentar, presuntamente, sus impulsos criminales han sido rechazados en la gran mayoría de casos. En 2009, sin embargo, se dieron dos sentencias, una norteamericana y otra italiana, en las que los jueces modificaron la carga asignable de responsabilidad, en sendas muertes violentas, en función de datos aportados sobre esas características: es decir, la doble concurrencia de acarrear la variante menos efectiva del gen de la MAO-A y haber sufrido maltrato severo o marginación social en las etapas primerizas de la vida, que cabe recordar que son dos factores que se suman para incrementar la probabilidad de violencia impulsiva.

En el caso italiano se redujo la pena impuesta en un año (se pasó de nueve a ocho años de reclusión en un acusado que reunía, además, criterios de padecimiento mental) al estimarse ese atenuante, y en el caso norteamericano se modificó la condición de asesinato en primer grado a homicidio doloso, aunque al acusado se le impuso una sentencia final de 32 años de prisión por acumular varios cargos graves. En ambos casos, por tanto, no solo se aceptó que se aportaran ese tipo de datos génicos, sino que formaron parte de la argumentación justificadora de la sentencia definitiva.

En su detallada discusión sobre esos dos casos, Matthew Baum[19] no solo se manifiesta a favor de ese tipo de adiciones que posibilitarán graduar mejor las sentencias, sino que augura su incremento progresivo a medida que crezca la sofisticación del conocimiento neurogenético sobre esas y otras muchas variantes relacionadas con la conducta violenta y la antisocial. Pronostica, en definitiva, que ello redundará en una mayor sutileza de la argumentación jurídica que seguirá basándose, siempre que sea posible, en pruebas y datos indiscutibles, aunque también en asunciones probabilísticas para ajustar las decisiones.

¿Jueces biomodulables?

Alrededor de la medianoche del 17 de febrero de 2008, Jonathan Donahue (de 24 años de edad, entonces) entró en un Burger King enarbolando una pistola semiautomática y exigiendo dinero al responsable, William Porter (de 25 años), que se encontraba ante la caja. Al no plegarse Porter a sus exigencias, Donahue le propinó una severa paliza golpeándole repetidamente en la cabeza con la culata de su pistola, porque, según declaró más tarde, «el gordo hijo de puta no dejaba de sollozar». Donahue abandonó el establecimiento sin llevarse dinero alguno. Fue arrestado más tarde, confesó ser el autor de la agresión y se encontraron, además, restos de la sangre de Porter en la pistola recuperada en el coche de Donahue. Al ser detenido, no mostró remordimiento alguno. En prisión, Donahue se vanaglorió de su hazaña e incluso se tatuó la espalda, para alardear, con la corona insignia de esos restaurantes de comida rápida. Porter estuvo en coma durante veinte días y, aunque luego recuperó la conciencia y se restableció, sufre un daño cerebral residual y permanente con incapacidad para manipular objetos (p. e., escribir o teclear) con precisión. En febrero de 2010 un jurado consideró a Donahue culpable de agresión grave, más allá de toda duda razonable, y lo absolvió del cargo de robo a mano armada al no haber sustraído nada.

Este es el caso (hipotético, aunque inspirado en un caso criminal real de características parecidas) que tuvieron que ponderar y sentenciar 181 jueces norteamericanos, de 19 estados diferentes y con una experiencia media de 11 años como magistrados, que se avinieron a participar en un estudio planteado por la Universidad de Utah sobre «el uso de la evidencia científica al sentenciar».[11] Lo hicieron a través de un detallado cuestionario, vía internet, que les fue suministrado por los canales oficiales de los tribunales de justicia. Además de los detalles pormenorizados del crimen y del procedimiento judicial en fase de imputación y de juicio público, los jueces tuvieron acceso al testimonio forense de un psiquiatra experto que había diagnosticado a Donahue como psicópata (puntuación PCR = 34), y que explicaba, con detalle, las características distintivas de la psicopatía como una entidad diferenciada de otras anomalías psicopatológicas.

A partir de ahí, los informes que recibieron los jueces difirieron: la mitad de ellos recibió información sobre un posible mecanismo biológico interviniente, mientras que los otros no. Los primeros tuvieron acceso al testimonio experto de un neurobiólogo que presentó los resultados obtenidos en una prueba de marcaje genético, efectuada a petición de parte, que indicaban que Donahue portaba una variante génica vinculada a la propensión acentuada a la violencia: en concreto, la versión de baja actividad de la enzima MAO-A. En la mitad de esos informes, la petición procedía de la parte fiscal para ser considerada un agravante, y en la otra mitad venía de la defensa para ser considerada un atenuante. El neurobiólogo experto detalló, además, la relevancia de ese hallazgo, complementándolo con la literatura científica pertinente al respecto y vinculándolo a un funcionamiento deficiente de los circuitos cerebrales que permiten apreciar, de manera adecuada, el sufrimiento físico ajeno e inhibir los impulsos violentos. Y concluía indicando que el hecho de acarrear desde la infancia esa disposición génica implicaba que el aprendizaje moral que va cristalizando, al crecer, para discernir entre el bien y el mal resulta menoscabado de raíz.

Además de dictar sentencia, los jueces tuvieron que rellenar formularios para precisar si consideraban la información biológica adicional como atenuante o agravante y ponderar todo eso mediante las correspondientes escalas. También tuvieron que pronunciarse, con ayuda de escalas sencillas, sobre el grado de responsabilidad legal o moral asignable al convicto y sobre el grado de libre albedrío en el momento del crimen. Finalmente, también tuvieron que estimar las penas (en años) impuestas, de promedio, para casos parecidos en las sentencias judiciales de su estado y en las de su experiencia personal.

Cuando se requirieron las respuestas y las sentencias aplicables al caso Donahue, los jueces que habían tenido información sobre el potencial mecanismo biológico impusieron penas ligeramente más leves: 13 años de reclusión, en conjunto, respecto de los 14 años que impusieron, de media, los jueces sin acceso a esos datos. La variación punitiva entre todas las sentencias fue considerable (con un abanico entre 1 y 40 años de reclusión, aunque eso se debe a las distintas leyes que rigen en cada estado para los casos de asalto y violencia a mano armada con lesiones graves). La psicopatía fue considerada un factor agravante de modo muy general (un 86,7 % del total de jueces), pero el hecho de que la procedencia de la prueba sobre el biomecanismo fuera a petición de la acusación o de la defensa también influyó, en el sentido de mitigar agravamientos cuando esa información provenía de la defensa. De hecho, el porcentaje de jueces que mencionaron atenuantes (anomalía mental, incapacidad para el discernimiento moral) cuando la información venía de la defensa se duplicó, llegando al 65 % de los 64 jueces que juzgaron en esas circunstancias. Los comentarios de los jueces sobre argumentos de doble sentido (agravante/atenuante) en relación con la psicopatía y sus anomalías biológicas se multiplicaron por 2,5 si las pruebas analíticas venían de la defensa. No hubo diferencias de ningún tipo, sin embargo, en las medidas de responsabilidad legal o moral ni en el grado de libre albedrío, que, según la apreciación de todos los jueces, se acercaron a máximos.

Por consiguiente, y teniendo en cuenta las limitaciones de un estudio sobre un caso simulado y donde solo participaron dos centenares de jueces voluntarios (con algunas bajas, además, por rellenar mal los criterios sobre la correcta comprensión del caso), cabe deducir que la introducción de mecanismos neurobiológicos tiende a reducir, aunque sea muy modestamente, el peso dado a las circunstancias agravantes y, sobre todo, acentúa los ingredientes de doble filo que hay que considerar, en detalle y con rigor, junto a las disposiciones normativas.

De ahí que deba considerarse ese trabajo[11] como pionero, porque aúna dos elementos clave mediante un enfoque experimental: la introducción de información neurobiológica relevante en las decisiones judiciales y la emisión de ponderaciones por parte de los protagonistas más importantes, los jueces, que aumentaron la sofisticación argumentativa y la calibración en sus resoluciones. Eso es lo que debe esperarse que ocurra, asimismo, cuando vayan introduciéndose ese tipo de informaciones y otros avances procedentes de sondas neurobiológicas, no solo para los magistrados, sino también para los jurados. Una población lega en materia judicial y quizá más fácilmente influenciable, que requerirá ser instruida en cómo hay que considerar las evidencias científicas y en cómo y hasta qué punto pueden llegar a modular sus opciones con respecto al abanico de normas y disposiciones vigentes ante un delito.

En realidad, los jueces y los jurados siempre han sido «biomodulables». Ante los derrumbes o las mermas claras del juicio y del recto discernimiento motivados por enfermedad, lesión, deterioro o intoxicación objetivamente demostrables, un reajuste sensato y calibrado de los parámetros sancionadores está previsto en la mayoría de los códigos y ha sido practicado desde antiguo. Lo que está en juego ahora es la introducción de sutilezas mucho mayores en todo lo que concierne a las medidas finas del buen juicio, de la vigilancia exigible, de la intención volitiva y afectiva, así como de sus intrincados, aunque progresivamente fiables, correlatos neurales.

Anticipación neural de la reincidencia delictiva

La evaluación del riesgo de reincidencia constituye un componente esencial en los sistemas de justicia, en particular en las decisiones que tomar sobre la reclusión o la liberación de sujetos potencialmente peligrosos, así como en las medidas de prevención y de reinserción socializadora. Esas predicciones intervienen en muchas instancias del proceso de administrar justicia, desde la concesión de fianzas hasta el encarcelamiento u otras modalidades de internamiento, la concesión de libertad vigilada o condicional, los programas de reinserción con seguimiento cercano y muchas otras. El ingrediente primordial de esas predicciones es la habilidad para detectar y remediar, en la medida de lo posible, la conducta antisocial futura.

Durante muchísimo tiempo esas predicciones y decisiones se basaron, tan solo, en el criterio y la experiencia clínica de los especialistas en psiquiatría o psicología forense, y los datos han venido mostrando que su finura predictiva resultaba más bien pobre. Cuando se les añadió la evaluación sistemática de la historia delictiva previa, el abuso de sustancias y la administración de baterías neuropsicológicas, el asunto mejoró, pero con rendimientos insuficientes. El buen diagnóstico de rasgos como la impulsividad, la irascibilidad o el control deficiente de hábitos comportamentales añade fortaleza a las predicciones sobre reincidencia, pero el panorama sigue siendo poco halagüeño. De ahí la necesidad de encontrar medidas objetivas y poderosas a un tiempo.

Un equipo liderado por Kent A. Kiehl en la Universidad de Albuquerque, en Nuevo México, hizo en 2013 la primera aportación sustantiva para acercarse a ese objetivo,[3] centrando sus indagaciones en el funcionamiento de una de las regiones cerebrales más directamente involucradas en la monitorización y el control de las acciones motoras y la corrección de errores: las zonas más anteriores de la corteza cingulada del cerebro (figura 2, p. 55).

Trabajaron con 96 reclusos de los correccionales de ese estado, con unas edades comprendidas entre los 20 y los 52 años (media = 33, SD = 7,8), con una distribución étnica de 42 % de hispanos, 36 % de blancos, 9 % de negros afroamericanos, 9 % de amerindios nativos, 28 % de mixtos y 14 % de indeterminados. Se les remuneró a razón de 1$/ hora por participar en una serie de pruebas que incluían escalas diagnósticas y test neuropsicológicos diversos. También pasaron por una sesión de escaneo fMRI mientras efectuaban una tarea de inhibición motora *Go-NoGo*, todo ello mientras cumplían el periodo de reclusión en su correccional. Una vez que obtuvieron la libertad –en un lapso de 34,5 meses entre 2007 y 2010–, se les hizo un seguimiento por parte de funcionarios entrenados del Departamento de Justicia, que culminó entre julio y septiembre de 2011. Todos ellos habían firmado autorizaciones en los documentos de consentimiento informado. Se formó, asimismo, un grupo control de comparación de 102 personas (49 hombres, con una distribución étnica representativa de Nuevo México) para tener una base de contraste adecuada en los análisis de las imágenes fMRI.

La puntuación PCL-R media fue 23,5 (±7) y un 20 % superaba el corte para el diagnóstico de psicopatía (>30). Un 87 % cumplía criterios de dependencia de sustancias adictivas y un 58 % de dependencia de alcohol. El CI medio fue 95,13 (±12,7) y no tuvo influencia alguna en las recidivas. Un 53 % de los reclusos liberados fueron arrestados de nuevo en el periodo transcurrido entre su salida de la cárcel y el final del seguimiento (verano de 2011). Esos nuevos delitos incluyeron 27 variedades, un 47 % sin violencia y un 9 % violentos. Las transgresiones menores de los compromisos de la libertad vigilada o bajo palabra no se incluyeron en los análisis de reincidencia delictiva.

La impulsividad se midió con una tarea convencional *Go-NoGo* mientras se escaneaba el cerebro. Se trata de un procedimiento estándar que requiere que los participantes inhiban una respuesta motora altamente primada. Durante la tarea, los sujetos debían estar atentos a sucesivas presentaciones de una diana muy frecuente en el centro de la pantalla (la letra «X», con una probabilidad de aparición de 0,84). Esas «X» llegaban una detrás de otra con presentaciones intercaladas y esporádicas de un distractor: la letra «K» (probabilidad de aparición de 0,16). Tenían que apretar un botón con el dedo índice de la mano derecha tan rápidamente como fuera posible ante el estímulo diana, las «X» (*Go*), y abstenerse de apretarlo cuando aparecía el distractor, una «K» (*NoGo*). Como las dianas son mucho más frecuentes, se genera así un automatismo que conduce a responder de inmediato y al aparecer el distractor los sujetos deben reprimir esa tendencia a hacer clic, con lo cual surgen los errores de comisión. El buen rendimiento en esa tarea implica captar el conflicto motor y conseguir hacer el esfuerzo de retener el clic. Antes de efectuar la tarea dentro del escáner fMRI, los participantes completaron un periodo de instrucción de 10 ensayos.

En total, los sujetos respondieron a 246 estímulos, cada uno de ellos presentado durante 250 milisegundos. Las «X» llegaban de manera irregular, con variaciones entre 1 y 3 segundos, y las ocasionales «K» (*NoGo*) aparecían al azar cada 10 o 15 segundos. Los sujetos debían responder antes de 1 segundo (si no lo hacían, comenzaba el siguiente). Todas las respuestas o no respuestas quedaban adecuadamente registradas. Las imágenes cerebrales correspondían a los 500 milisegundos después de cada aparición de un estímulo, distinguiendo respuestas, no respuestas y errores. Los sujetos incurrieron en una media de 24,04 (±13) de errores de comisión y la ratio de clics total fue del 96,56 (± 6,4).

Al dividir a los reclusos entre aquellos que mostraban hipoactividad en el cingulado anterior en esa tarea respecto de los que la tenían alta, el tiempo transcurrido para sufrir rearrestos fue de 25,27 (±2,8) meses en los primeros, y de 32,42 (±2,7) meses en los segundos. Es decir, hubo una diferencia superior al medio año sin reincidencia en función de una medida concreta de actividad neural durante una tarea cognitiva sencilla. Al graduar los registros de actividad en el cingulado anterior, por cada unidad de incremento de la reacción cingulada ante los estímulos, se obtuvo una disminución de 1,96 en la probabilidad de rearrestos con independencia de la edad, la puntuación psicopática o el abuso de sustancias. Y para los delitos no violentos esa disminución en la probabilidad de reincidencia alcanzó un 2,44. Es decir, más del doble.

Cuando se usó como control neural para esos contrastes una región cerebral cercana (la corteza prefrontal medial), que no está implicada en la inhibición de salidas motoras, no se obtuvo ningún efecto predictor sobre la reincidencia delictiva. Y al refinar los análisis sometiendo los datos neurales a superiores exigencias respecto de la potencia predictiva de la edad, el historial previo de delincuencia o la puntuación de psicopatía, la contribución de la activación cingulada para mejorar las predicciones de reincidencia continuó siendo sustantiva.[4] En la mitad de esa muestra de reclusos se tomaron, asimismo, medidas de potenciales evocados derivados de registros EEG en el cráneo ante las series de estímulos de la misma tarea cognitiva. Es decir, se reunieron datos de dos medidas referibles a la misma zona cerebral: la actividad neural detectada por fMRI y los cambios eléctricos evocados por la decisión motora en el cingulado anterior. Cuando la hipoactividad cingulada en fMRI se combinaba con aumentos de la onda de positividad por error en el potencial evocado, la capacidad predictiva llegó a alcanzar el 84 % de la reincidencia delictiva.[181]

Hay ahí, por tanto, los primeros resultados que indican que unas medidas singulares de la actividad neural vinculada a la detección y corrección rápida de los errores motores aportan datos sólidos sobre la probabilidad de reincidencia criminal. Eso, en un estudio con un grupo de tamaño más bien modesto de reclusos. Cómo se van a comportar esas medidas en diagnósticos individuales o con muestras amplias es un enigma, por ahora. Y cómo puede llegar eso a influir en el proceso de toma de decisiones judiciales[58] todavía es más incierto. Pero el camino para incorporar ese tipo de medidas al arsenal de criterios que ya se usan asiduamente queda abierto.

No hay males banales: atractivo y relevancia de la maldad

«Las decapitaciones y atentados de ISIS o el avión estrellado por Andreas Lubitz en los Alpes han afianzado una idea espectacular de la maldad absoluta.»

JOSÉ LUIS PARDO, «El mal nuestro de cada día», *El País*, 27-12-2015

El mal incidental

Andreas Lubitz era el copiloto alemán, de 27 años de edad, que causó la masacre del vuelo de Germanwings que partió del aeropuerto de Barcelona con destino a Düsseldorf la mañana del 24 de marzo de 2015. Volando en condiciones meteorológicas impecables y sin problema mecánico alguno, aprovechó que el comandante dejó el pilotaje a su cargo, mientras iba al baño, para corregir el rumbo de la navegación automática y colocarla en descenso progresivo a la vez que aumentaba la velocidad hasta estrellar el avión contra las laderas del macizo del Estrop, entre El Vernet y La Barceloneta, en los Alpes provenzales, provocando la muerte instantánea de las 150 personas que iban a bordo. La tragedia impactó al mundo entero, sobre todo porque el fiscal de la región de Marsella, encargado de la investigación judicial, comunicó que se habían hallado indicios irrefutables de que se había tratado de una maniobra voluntaria, intencionada y decidida en soledad por el copiloto, que se inmoló llevándose consigo al pasaje al impactar la nave, a 1.550 metros de altura, en unos barrancos desconchados y remotos.

El informe final de la Oficina de Investigación para la Seguridad Aérea (BEA) del Ministerio francés de Ecología y Energía, publicado en marzo de 2016, introducía el exhaustivo detalle de las investigaciones con un resumen de lo esencial:

El copiloto llevaba volando para Germanwings desde junio de 2014 y era titular de un certificado médico de clase 1, expedido por primera vez en abril de 2008 y que había sido revalidado anualmente. Desde junio de 2009, ese certificado médico había incluido una restricción por un episodio depresivo grave, sin síntomas psicóticos, que había durado desde agosto de 2008 hasta julio de 2009. Esta restricción indicaba que pasaría a ser no válido si hubiera una recaída en la depresión.

En diciembre de 2014, aproximadamente cinco meses después de la última revalidación, el copiloto comenzó a mostrar síntomas que podrían concordar con un episodio depresivo psicótico. Consultó a varios médicos, incluido un psiquiatra en las dos últimas ocasiones, el cual le recetó medicación antidepresiva. El copiloto no contactó con ningún examinador médico aeronáutico (AME) entre el inicio de la disminución de la idoneidad médica en diciembre de 2014 y el día del accidente.

En febrero de 2015, un médico privado diagnosticó un trastorno psicosomático y un trastorno de ansiedad y remitió al copiloto a un psicoterapeuta y a un psiquiatra. El 10 de marzo de 2015, el mismo médico diagnosticó una posible psicosis y recomendó tratamiento psiquiátrico hospitalario. En febrero y marzo de 2015 un psiquiatra le recetó antidepresivos y somníferos. Ninguno de estos profesionales sanitarios informó a ninguna autoridad de aviación ni a ninguna otra autoridad acerca del estado mental del copiloto. Estos facultativos expidieron varios certificados de baja por enfermedad, pero no todos ellos se remitieron a Germanwings.

Ni las autoridades ni la empresa podrían haber tomado acción alguna para impedirle volar el día del accidente debido a que nadie les informó, ni el propio copiloto, ni alguno de los facultativos consultados ni un colega o algún familiar.

En la fase de crucero del vuelo del accidente, el copiloto esperó a encontrarse a solas en la cabina de mando. Entonces modificó, intencionadamente, los ajustes del piloto automático para que el avión descendiera. Mantuvo la puerta de la cabina bloqueada durante el descenso, a pesar de las solicitudes de acceso realizadas mediante el teclado y el interfono de la cabina. No respondió a las llamadas de los controladores de tránsito aéreo civiles ni militares ni a los golpes en la puerta.

Los requisitos de seguridad operacional que llevaron a diseñar puertas de cabina de mando para que resistieran una intrusión por la fuerza de personas no autorizadas hicieron imposible entrar en el compartimento de mando antes de que la aeronave impactara con el terreno, en los Alpes franceses.

El informe precisaba, además, que «en el día del accidente, el piloto padecía un trastorno psiquiátrico que era probablemente un episodio depresivo con sintomatología psicótica y que estaba bajo los efectos de medicación psicotrópica. Todo lo cual lo incapacitaba para volar». En su parte final, el informe concluía con un extenso listado de hallazgos probados y con las causas principales de la tragedia. A continuación, reproduzco las causas finales según ese informe de la BEA:

Causas:

La colisión contra el suelo se debió a la acción deliberada y planeada del copiloto, que decidió suicidarse mientras se encontraba solo en la cabina de mando. El proceso de certificación médica de pilotos y, en particular, la autodeclaración en caso de deterioro de la aptitud médica entre dos exámenes periódicos no impidió que el copiloto, aquejado de trastornos mentales con síntomas psicóticos, hiciera uso de su licencia de vuelo.

Los factores siguientes pueden haber contribuido al fallo de este principio:

- El posible miedo del copiloto a perder su habilitación para volar como piloto profesional si hubiese comunicado el deterioro de su aptitud psicofísica a un AME (examinador médico aeronáutico).

- Las posibles consecuencias económicas provocadas por la carencia de un seguro específico que cubriese los riesgos de pérdida de ingresos en caso de no ser apto para volar.

- La falta de directrices claras, en la normativa alemana, acerca de cuándo una amenaza para la seguridad pública tiene prioridad sobre los requisitos de confidencialidad médica.

Los requisitos de seguridad aérea condujeron a unas puertas de cabina de mando diseñadas para resistir el intento de entrada por la fuerza de personas no autorizadas. Eso hizo imposible acceder al compartimento de pilotos antes de que el avión impactase contra el suelo.

Ese lenguaje aséptico y funcionarial consigue ocultar el horror. La desesperación imaginable en los rostros y los gritos de los tripulantes y pasajeros de las primeras filas de asientos, mientras contemplaban cómo el comandante intentaba hacerse oír por Lubitz y abrir, a golpes, la puerta de acceso bloqueada a la cabina de mando y cómo intentaba forzarla con una barra mientras el suelo se acercaba cada vez más en una mañana con visibilidad total. Algunas reconstrucciones de los minutos finales del vuelo, a partir de vídeos recuperados en teléfonos móviles, sí recogieron el caos y el griterío que se había extendido ya a todo el pasaje (*Paris Match Magazine*, 31-3-2015).

El diagnóstico final es sencillo y taxativo: la liquidación instantánea de 149 personas estuvo motivada por la decisión suicida de un individuo con un trastorno mental ocultado a su empresa, tratado por especialistas privados de manera insuficiente y no detectado por los protocolos de revisión médica para pilotos en Alemania. Una versión destructiva y fulgurante del mal fue desatada, por consiguiente, de manera incidental: por una anomalía transitoria y corregible en el funcionamiento de un solo cerebro humano, y por una cadena de omisiones en los mecanismos de previsión y cautela exigibles, en principio, al transporte aéreo.

Nada más banal y nada menos inquietante, al mismo tiempo. Basta suponer que si la normativa hubiera exigido que jamás puede quedar un tripulante a solas en la cabina de mando, la probabilidad de esa incidencia se habría reducido a mínimos; o que si hay que efectuar un pilotaje en solitario, el bloqueo de acceso a la cabina quedará automáticamente anulado; o que si la normativa de confidencialidad médica alemana hubiera contemplado excepciones para personas que pueden poner en riesgo máximo a muchas vidas, la probabilidad catastrófica también habría menguado. Tan banal como todo eso, así es.

Probablemente por esas razones Lubitz adquirió, con su espectacular suicidio homicida, una fama imperecedera. Porque desencadenó un mal inconcebible en función de una oportunidad anodina a la cual estamos expuestos en multitud de circunstancias. Porque suicidios con arrastre homicida hay bastantes, pero que consigan una letalidad tan abrupta y devastadora muy pocos. Y el hecho de que esa letalidad dependa de una oportunidad «normativa» vinculada al manejo de un vehículo o un dispositivo técnico, o a defectos de los protocolos, es lo que confiere a ese mal inenarrable una total banalidad.

Buena parte de la opinión «sabia» lleva medio siglo desorientada por un error de una profesora de filosofía, la señora Hanna Arendt, que catalogó de «banal» el mal por antonomasia: el exterminio industrializado practicado por los nazis alemanes en los campos de concentración donde recluían a las comunidades judías y gitanas europeas, así como a sus enemigos políticos. Propuso esa catalogación para el mal radical al intuir rasgos anodinos y nada anómalos o morbosos en el temperamento y en la conducta del más célebre de los directores de aquella empresa de exterminio, Adolf Eichmann, con ocasión de su juicio público, en Israel, en la década de 1960. Al margen de haberse podido enmendar del todo la confusión diagnóstica de la doctora Arendt sobre el verdadero carácter de aquel jerarca nazi,[47,180] la noción de que en la raíz del mal desencadenado por los humanos hay componentes nucleares de banalidad es un despropósito.

La memoria de las devastaciones ocasionadas por la mano humana tiende a reverberar porque, si se prescinde del ensimismamiento filosófico, es sencillo intuir que las tragedias que concitan y ejecutan algunos personajes raramente es banal, aunque contengan ingredientes anodinos y puedan adjudicarse, a veces, a concatenaciones incidentales y quizás evitables. La memoria de los exterminios practicados por los nazis perdurará y el recuerdo del suicidio homicida de Lubitz también lo hará, porque a pesar de los ingredientes de trivialidad hay elementos excepcionales en ambas hecatombes. Como los hay en todas ellas. No es este el lugar para analizar lo que ha caracterizado a los holocaustos o los gulags reiterados y a sus distintos inductores y colaboradores en múltiples lugares, porque se les ha dedicado multitud de ensayos,[47,146,163] y ya he dejado claro que la malignidad vinculada a las luchas intergrupales quedaba excluida de esta incursión (véase p. 102).

El caso Lubitz merece un apunte adicional porque, al margen de la cadena de omisiones detectadas, el joven e inexperto copiloto puso en marcha un apocalipsis al que se acercó con parsimonia, en una ominosa trayectoria de descenso que duró algo más de diez minutos y con intervenciones mínimas sobre los mandos de control. Durante todo ese tiempo respiró con normalidad y no respondió ni a los controladores de Marsella, ni a los requerimientos del comandante por el interfono ni a los repetidos y desesperados golpes en la puerta. Eso supone un largo periodo de tránsito hacia la culminación suicida, con amplia posibilidad de ponderar la catástrofe homicida que estaba propiciando.

Aunque hay constancia de que la ideación suicida grave tiene la particularidad de constreñir la perspectiva mental hasta el punto de convertir el pensamiento en una especie de «visión en túnel», donde no hay más salida que la autoliquidación, no puede saberse si eso es lo que realmente ocurrió en el magín de Lubitz, obliterando cualquier atisbo de ponderación sobre el destino fatal para el resto de las personas a bordo. Lo que sabemos es que no se produjo ninguna acción para anular o revertir la decisión tomada.

Los exámenes médicos y psicológicos a los cuales tuvo acceso la comisión investigadora no permitieron dilucidar un diagnóstico psiquiátrico firme para Lubitz, tan solo una presunción. Los expertos inspeccionaron todos los informes de sus revisiones médicas para la validación anual de aptitud aeronáutica y también los de los médicos, psiquiatras y psicoterapeutas privados a los que visitó, por su cuenta, al sufrir la recaída depresiva que no comunicó a su compañía aérea (informes, estos últimos, solo por escrito porque todos esos profesionales se atuvieron a su derecho a no declarar). La comisión concluyó que Lubitz presentaba un cuadro depresivo intenso, posiblemente con síntomas psicóticos (ideas alejadas del contacto coherente con la realidad) y sin descartar algún trastorno de la personalidad. Pero sabemos, por otro lado, que fue capaz de completar una compleja serie de rutinas profesionales con aparente normalidad, hasta el punto de que nadie detectó comportamientos anómalos reseñables, ni siquiera el día de la tragedia.

En el informe se recogen comparaciones con algunos incidentes catastróficos parecidos, en los últimos treinta y cinco años de aviación comercial, donde se concluyó que el origen pudo haber sido una anomalía mental abrupta de la persona que pilotaba el aparato. En ningún caso se obtuvieron certezas definitivas, precisamente porque el asunto no tiene nada de banal. La puesta en marcha de una decisión suicida es materia compleja, en toda circunstancia, pero cuando va acompañada, además, de ocultación eficiente, cálculo preciso y control minucioso sobre una cadena de acciones se convierte en un desafío formidable. A eso hay que enfrentarse: a intentar discernir los disparadores de «incidentes mentales» suicidas que conllevan una letalidad homicida extrema y que pueden catalogarse como se quiera, pero en ningún caso como triviales. Salvo que se pretenda rescatar para la «banalidad» el hecho de disponer de botones o teclas que dan acceso al poder de desencadenar cataclismos. Pero eso sería una pirueta frívola, porque la evaluación y la prevención de riesgos en actividades delicadas son materia tecnológica de la más alta sofisticación.

Con el caso Lubitz, por cierto, topamos de nuevo con las dificultades inherentes a los problemas N = 1 que los tribunales de justicia deben ponderar para sancionar las conductas lesivas y reparar daños en la medida de lo posible. Las sanciones individuales ni siquiera proceden en esta tragedia por extinción de la responsabilidad del actor, aunque sí las subsidiarias en caso de probarse negligencias punibles en alguna de las instancias implicadas. Sea como fuere, el problema de la previsión anticipatoria de un «incidente de perturbación mental» con consecuencias letales plantea desafíos comparables al de la anticipación de la reincidencia criminal para condiciones de N = 1 en la complejísima intersección entre la neurociencia y las leyes.

La maldad deliberada

Cuando el mal incidental tiene trazos misteriosos y el mal deliberado es tortuoso y silente, suelen despertar interés y desazón en quienes pueden contemplarlo a resguardo. Encienden, ambos, un atractivo morboso. De ahí la diversidad de entretenimientos que tienen a la maldad como foco preferente. En los archivos de la novela negra o en los del cine y las series de intriga hay un vasto escaparate de malvados. No he recurrido aquí a ninguna de esas historias o personajes a propósito, porque la realidad ya depara suficiente casuística. No hace falta acudir a la ficción, por más inquietante y enigmática que resulte.

El foco que he escogido para esta incursión es el del mal deliberado. El que permite adscribir responsabilidades porque resulta de la intención firme de lastimar o perjudicar. Ese es el ámbito lesivo que cultivan, con regularidad, los distintos perfiles de la psicopatía, aunque no lo monopolizan ni mucho menos. Hay otras tipologías del carácter que también lo frecuentan y hay posibilidades, por tanto, para protagonistas no psicopáticos, porque en las intenciones dañinas cabe una infinidad de motivaciones y trayectorias.

A veces esas intenciones brotan de manera abrupta y como consecuencia de un impulso irrefrenable. En otras ocasiones, en cambio, los apetitos dañinos pueden cultivarse a lo largo de mucho tiempo y de una manera opaca, mientras se prepara con fruición o se espera, con paciencia, la ocasión favorable. Ahora ya se sabe, incluso, que cuando nace la intención de dañar el resorte neural crítico se enciende, de manera velocísima y muy específica, en zonas de las amígdalas cerebrales y se usan sus profusas interconexiones con territorios de la corteza prefrontal y temporal para poner en marcha las estimaciones del curso de actuación tóxica.[94] Detrás de las acciones dañinas crepitan, a menudo, potentes arietes emotivos al servicio de la combatividad: el odio, el rencor o la venganza. Aunque no siempre va así, ni mucho menos. En la maldad nuclear, tal como la he descrito, la deriva tóxica está más motivada por el goce torturador o la ambición predadora que por el resquemor de represaliar afrentas insufribles o desdoros intolerables.

Al iniciar este itinerario comenté que el elenco de los pecados capitales de la doctrina católica constituía un buen compendio de maldades. Me he acercado a los engranajes de la codicia, la envidia y la soberbia en los capítulos 6 y 7, he dado pistas sobre el arrastre y las desviaciones de la lascivia en el capítulo 5, los brotes airados han ido jalonando buena parte de los casos analizados a lo largo de todo el ensayo, he obviado la gula por ser un mal de épocas con estrecheces que no son las nuestras, y he dedicado, por último, muy poca atención a la pereza, y eso conviene corregirlo.

La holganza, el escaqueo y el desinterés tienen un notable papel en el desencadenamiento de no pocas vilezas, aunque pueda parecer paradójico. De hecho, el aburrimiento está detrás, en más de una ocasión, de alguna de las conductas más perversas, aunque su papel suela pasar desapercibido. Para llenar el tedio se pueden cavilar y llevar a cabo monstruosidades inenarrables. El hastío ha sido el motor, de hecho, de algunas de las barbaridades más horripilantes cometidas por criaturas y adolescentes en las últimas décadas. La que concitó una mayor repercusión global fue, probablemente, la tortura y muerte del niño británico James Bulger, de poco más de dos años, secuestrado por dos chavales de diez años en un centro comercial de la región de Liverpool un mediodía del año 1993 en que no habían acudido a la escuela y andaban deambulando por allí, como en otras ocasiones. Se llevaron al pequeño aprovechando que correteaba ante la tienda donde su madre efectuaba unas compras y lo mortificaron, a golpes y a pedradas, hasta sacrificarlo y dejarlo tirado en unas vías de tren cercanas. No costó mucho dar con los dos torturadores, porque las cámaras los grabaron llevándose al pequeño de la mano por los pasillos del centro comercial.

El juez del caso impidió que los detalles más crueles se divulgaran, aunque permitió la diseminación de los rostros de los dos chavales asesinos. Durante los interrogatorios policiales y el juicio posterior no ofrecieron resquicio alguno que pudiera explicar su conducta, más allá de reiterar que estaban aburridos y que «lo que sucedió tenía que suceder», sin mostrar remordimiento o pena. Al cumplir la condena y salir de prisión, cuando ambos habían alcanzado ya los veinte años, se les cambió la identidad y siguen tutelados a distancia. Uno de ellos volvió a prisión y regresó más tarde a la libertad supervisada, con lo que el cambio de identidad tuvo que rehacerse.

Ese patrón de conducta, el de desencadenar un amplio repertorio de crueldades en una situación de hastío y vaciedad, ha aparecido en otros crímenes tortuosos cometidos por adolescentes que actúan, por lo común, en dúos o tríos. Afortunadamente, es poco frecuente que esa deriva asociada al tedio enervante que a veces acompaña a algunos itinerarios vitales jóvenes devenga letal. Aunque conviene recordar que las tácticas más retorcidas del acoso escolar suelen incluir elementos de crueldad y mortificación hacia las víctimas muy ostensibles y no es raro, tampoco, que surjan como distracción ante el aburrimiento. En España hay registro reciente de ese tipo de truculencias, pero he querido evitar cualquier mención a episodios locales para no abundar en la crónica macabra de tintes domésticos.

Todo eso nos recuerda que en algunos individuos se necesita poco adiestramiento para que manifiesten y ejecuten un variadísimo repertorio de vilezas sin un motivo claro. Acarrean, parece ser, un talento natural para obtener distracción y goce mediante la tortura ajena si las circunstancias lo permiten. Y desconocen o deciden obviar, por otro lado, las inhibiciones que podrían frenar esos atropellos. Es notorio, asimismo, que las habilidades para la degradación, la mortificación o la liquidación sumaria de otras personas se pueden aprender. Y lo es, también, que se pueden alcanzar aptitudes excelsas en esos menesteres si hay que ganarse el sustento y medrar en ámbitos dedicados al «trabajo sucio» o la «higienización» letal. Aunque el talento espontáneo siempre ayuda, por descontado, como en cualquier otro nicho laboral.

La rareza del mal

No hay malicia genuina que remita, de veras, a mecanismos anodinos o banales. Al contrario, cualquier incursión en las entrañas de la maldad conduce con más rapidez a la rareza y la excepcionalidad que a la rutina o la familiaridad. No hay por qué extrañarse de ello: la conducta humana cotidiana ofrece muchos más ejemplos de tolerancia, cooperación y confraternización que de deserción, engaño o agresión. Tenemos, además, una extensa circuitería cerebral dedicada a la ponderación, la templanza y el buen tino conciliador, que puede frenar y domeñar, con eficacia, las urgencias y los apetitos potencialmente dañinos.

Sin embargo, los mecanismos biológicos para la toxicidad social están ahí y van a continuar ahí. No han sido borrados, ni siquiera atenuados, porque continúan cumpliendo funciones y reportando beneficios consignables en un mundo muy normativizado. Hemos visto que las cifras de individuos que acarrean propensiones malvadas en grado superlativo y con menguadas posibilidades de corrección se mantienen bastante fijas y raramente alcanzan el 5 % de la gente, en cualquier lugar. Las de individuos capaces de sumarse a las conductas incívicas, los afanes fraudulentos y los desmanes destructivos si el contexto lo favorece son variables y pueden convertirse en mayoritarias con facilidad. Pero aquel atributo de poseer una base neural más vasta y compleja para las rutinas cooperadoras que para las lesivas, junto a las restricciones culturales y las instituciones dedicadas a la prevención y atenuación del daño, así como las mejoras en las tecnologías de vigilancia, de diagnóstico y de sanción, permiten acotar el recorrido de los actores y las circunstancias más peligrosas. De ahí la constatación pinkeriana, de una firme tendencia a la disminución de la violencia social.[146]

Conviene remachar, al cerrar, que todo lo dicho hasta aquí sirve tan solo para acercarse al análisis de la maldad individual. Cuando los humanos ponen en marcha las alianzas y los potentes vectores de la confrontación intergrupal comienza otra historia, que ni siquiera he esbozado. En ella anidan y culminan, con funesta regularidad, los máximos de la devastación y del horror, pero los periscopios y las herramientas interpretativas deben ensanchar muchísimo el campo de observación, aunque algunas de las pistas aportadas aquí no sean sobreras. Es cierto, por otro lado, que la supuesta mediación de resortes o automatismos triviales en el mal radical se conjeturó para hecatombes vinculadas a los litigios bélicos contemporáneos. En cualquier caso, esa aproximación también se ha mostrado baldía[17,23,47,88,180,184 bis] y un recorrido somero por la maldad desatada por los cauces de la guerra comunal exigiría otro libro.

Este ensayo solo ofrece, insisto, pistas sobre las raíces de la maldad individual. De ahí que aparezcan diversos protagonistas para ilustrarla, sin pretender destacar algunas modalidades sobre otras. Anders Breivik, el francotirador noruego (veáse p. 17), había urdido un guion mesiánico para propiciar y liderar una confrontación grupal en su país, pero actuaba en estricta soledad. Era un «lobo solitario» con una impactante letalidad. De ahí que ocupara un lugar prominente al iniciar esta incursión. En cambio, Bernard Madoff (véase p. 21) no era un «predador solitario» de las finanzas, con toda seguridad. Aunque consiguiera ocultar sus artes fraudulentas a sus colaboradores más cercanos, en ese tipo de menesteres se necesitan aliados avispados y bien situados en niveles de influencia decisivos. Pertenece, por consiguiente, a una modalidad totalmente distinta de la toxicidad individual. Además de esos dos reclusos, con quienes abríamos el recorrido, otros protagonistas de la crónica criminal reciente han ido salpicando un panorama breve, pero solvente, del conocimiento sobre los arietes dañinos que algunos individuos acarrean en sus dispositivos neurales. De modo que quienes, en los tribunales de justicia, deban ponderar, sancionar y tratar de reparar los perjuicios infligidos anden mejor equipados.

San Cugat del Vallés,
12 de agosto de 2016.

Agradecimientos

La New York Academy of Sciences y B-Debate Barcelona (International Center for Scientific Debate Barcelona) coorganizaron en 2012 un encuentro internacional titulado «Neuroethics: from Lab to Law. A Scientific Scrutiny of Sociability, Responsibility and Criminality» que me tocó coordinar junto a Óscar Vilarroya y que puso el armazón de base para este ensayo. Francesc González Sastre, catedrático emérito de Bioquímica y Biología Molecular de mi universidad me instó a disertar sobre ese tema en la Sociedad Española de Química Clínica e invirtió esfuerzos baldíos para que el Institut d'Estudis Catalans publicara un ensayo con el resultado. Juli Ponce Solé, desde los seminarios que organiza la cátedra de Derecho Administrativo de la Universitat de Barcelona sobre investigación en corrupción económica y política, recogió el testigo de promover discusiones en la intersección entre la neurociencia y las leyes. En Plataforma Editorial acogieron con entusiasmo el esquema-guion de aquellas ponencias y decidieron convertirlas en un libro atractivo y asequible. Miriam Malagrida y Miguel Salazar asumieron la supervisión del proyecto, y Felipe Jaramillo le ha dedicado un esmero y un rigor encomiables para ir plasmando unos detalles editoriales no siempre sencillos. Hay que dejar constancia, finalmente, del agradecimiento a Springer-Nature, Elsevier, Dovepress, *Scientific American* y la *Revista Española de Medicina Legal* por permitir adaptar figuras y tablas que proceden de publicaciones originales que vienen debidamente referenciadas a lo largo del texto.

Mi universidad, la Autònoma de Barcelona, me concedió un sabático en 2015-2016, con lo cual dispuse del margen y el sosiego necesarios para culminar aventuras editoriales.

Referencias bibliográficas

1. Aharoni, E., Funk, C., Sinnott-Armstrong, W., y Gazzaniga, M. (2008). «Can neurological evidence help Courts assess criminal responsibility?: lessons from Law and Neuroscience», *Annals of the New York Academy of Sciences*, vol. 1.124, pp. 145-160.
2. Aharoni, E., Antonenko, O., y Kiehl, K. A. (2011). «Disparities in moral intuition in criminal offenders: the role of psychopathy», *Journal of Research in Personality*, vol. 45, n.º 3, pp. 322-327.
3. Aharoni, E., Vincent, G. M., Harenski, C. L., Calhoun, V. D., Sinnott-Armstrong, W., Gazzaniga, M. S., y Kiehl, K. A. (2013). «Neuroprediction of future rearrest», *PNAS*, vol. 110, n.º 15, pp. 6.223-6.228.
4. Aharoni, E., Mallet, J., Vincent, G. M., Harenski, C. L., Calhoun, V. D., Sinnott-Armstrong, W., Gazzaniga, M. S., y Kiehl, K. A. (2014). «Predictive accuracy in the neuroprediction of rearrest», *Social Neuroscience*, vol. 9, n.º 4, pp. 332-336.
5. Ahmed, A. M., y Salas, O. (2011). «Implicit influences of Christian religious representations on dictator and prisoner's dilemma game decisions», *The Journal of Socio-Economics*, vol. 40, n.º 3, pp. 242-246.
6. Alia-Klein, N., Goldstein, R. Z., Kriplani, A., Logan, J., Tomasi, D., Williams, B., Telang, F., Shumay, E., Biegon, A., Craig, I. W., Henn, F., Wang, G. J., Volkow, N. D., y Fowler, J. S. (2008). «Brain monoamine oxidase-A activity predicts trait aggression», *The Journal of Neuroscience*, vol. 28, n.º 19, pp. 5.099-5.104.
7. Aluja, A., García, L. F., Martí-Guiu, M., Blanco, E., García, O., Fibla, J., y Blanch, À. (2015). «Interactions among impulsiveness, testosterone, sex hormone binding globulin and androgen receptor gene CAG repeat length», *Physiology and Behaviour*, vol. 147, pp. 91-96.
8. Anderson, S. W., Bechara, A., Damasio, H., Tranel, D., y Damasio, A. R. (1999). «Impairment of social and moral behavior related to early

damage in human prefrontal cortex», *Nature Neuroscience*, vol. 2, n.º 11, pp. 1.032-1.037.

9. Anderson, S. W., Damasio, H., y Damasio, A. R. (2005). «A neural basis for collecting behavior in humans», *Brain*, vol. 128, n.º 1, pp. 201-212.

10. Anderson, N. E., y Kiehl, K. A. (2012). «The psychopath magnetized: insight from brain imaging», *Trends in Cognitive Sciences*, vol. 16, n.º 1, pp. 52-60.

11. Aspinwall, L. G., Brown, T. R., y Tabery, J. (2012). «The double-edged sword: does biomechanism increase or decrease judges' sentencing of psychopaths?», *Science*, vol. 337, pp. 846-849.

12. Archer, J. (2004). «Sex differences in aggression in real-world settings: a meta-analytic review», *Review of General Psychology*, vol. 8, n.º 4, pp. 291-322.

13. Archer, J. (2009). «Does sexual selection explain human sex differences in aggression?», *Behavioral and Brain Sciences*, vol. 32, pp. 249-311.

14. Babiak, P., y Hare, R. D. (2006). *Snakes in suits*, Nueva York: Harper Business.

15. Babiak, P., Neumann, C. S., y Hare, R. D. (2010). «Corporate psychopathy: talking the walk», *Behavioral Sciences and the Law*, vol. 28, n.º 2, pp. 174-193.

16. Barnes, J. C. (2014). «Catching the really bad guys: an assessment of the efficacy of the US Criminal Justice System», *Journal of Criminal Justice*, vol. 42, n.º 4, pp. 338-346.

17. Baron-Cohen, S. (2011). *The science of evil: on empathy and the origins of cruelty*, Nueva York: Basic Books.

18. Basile, B., Mancini, F., Macaluso, E., Caltagirone, C., Frackowiak, R. S., y Bozzali, M. (2011). «Deontological and altruistic guilt: evidence for distinct neurobiological substrates», *Human Brain Mapping*, vol. 32, n.º 2, pp. 229-239.

19. Baum, M. L. (2011). «The Monoamine Oxidase A (MAOA) genetic predisposition to impulsive violence: is it relevant to criminal trials?», *Neuroethics*, vol. 6, n.º 2, pp. 287-306.

20. Bevilacqua, L., Doly, S., Kaprio, J., Yuan, Q., Tikkanen, R., Paunio, T., Zhou, Z., Wedenoja, J., Maroteaux, L., Díaz, S., Belmer, A., Hodgkinson, C. A., Dell'Osso, L., Suvisaar, J., Coccaro, E., Rose, R. J., Peltonen, L., Virkkunen, M., y Goldman, D. (2010). «A population-specific HTR2B stop codon predisposes to severe impulsivity», *Nature*, vol. 468, pp. 1.061-1.066.

21. Bendahan, S., Zehnder, C. H., Pralong, F. P., y Antonakis, J. (2015). «Leader corruption depends on power and testosterone», *The Leadership Quarterly*, vol. 26, n.º 2, pp. 101-122.

22. Benenson, J. F., Markovits, H., Thompson, M. E., y Wrangham, R. W. (2011). «Under threat of social exclusion, females exclude more than males», *Psychological Science*, vol. 22, n.º 4, pp. 538-544.

23. Berkowitz, L. (1999). «Evil is more than banal: situationism and the concept of evil», *Personality and Social Psychology Review*, vol. 3, n.º 3, pp. 246-253.

24. Bettencourt, B. A., y Miller, N. (1996). «Gender differences in aggression as a function of provocation: a meta-analysis», *Psychological Bulletin*, vol. 119, n.º 3, pp. 422-447.

25. Björquist, K., Österman, K., Kaukiainen, A., y Lagerspetz, K. M. (1999). «Concomitants of physical, verbal and indirect aggression», *Aggressive Behavior*, vol. 25, n.º 1, p. 35.

26. Blair, R. J. R., Jones, L., Clark, F., y Smith, M. (1995). «Is the psychopath "morally insane"?», *Personality and Individual Differences*, vol. 19, n.º 5, pp. 741-752.

27. Blair, R. J. R. (1997). «Moral reasoning and the child with psychopathic tendencies», *Personality and Individual Differences*, vol. 22, n.º 5, pp. 731-739.

28. Blair, R. J. R., Peschardt, K. S., Budhani, S., Mitchell, D. G. V., y Pine, D. S. (2006). «The development of psychopathy», *Journal of Child Psychology and Psychiatry*, vol. 47, n.º 3-4, pp. 262-275.

29. Blair, R. J. R. (2007). «The amygdala and ventromedial prefrontal cortex in morality and psychopathy», *Trends in Cognitive Sciences*, vol. 11, n.º 9, pp. 387-391.

30. Blair, R. J. R. (2013). «The neurobiology of psychopathic traits in youths», *Nature Reviews Neuroscience*, vol. 14, n.º 11, pp. 786-799.

31. Boccardi, M., Frisoni, G. B., Hare, R. D., Cavedo, E., Najt, P., Pievani, M., Rasser, P. E., Laakso, M. P., Aronen, H. J., Repo-Tiihonen, E., Vaurio, O., Thompson, P. M., Tiihonen, J. (2011). «Cortex and amygdala morphology in psychopathy», *Psychiatry Research: Neuroimaging*, vol. 193, n.º 2, pp. 85-92.

32. Boddy, C. R. (2011). «Corporate psychopaths, bullying and unfair supervision in the workplace», *Journal of Business Ethics*, vol. 100, n.º 3, pp. 367-379.

33. Boehm, C. (1999). *Hierarchy in the forest: the evolution of egalitarian behavior*, Cambridge (Massachusetts): Harvard University Press.

34. Boes, A. D., Hornaday Graft, A., Joshi, C., Chuang, N. A., Nopoulos, P., y Anderson, S. W. (2011). «Behavioural effects of congenital ventromedial prefrontal cortex malformation», *BMC Neurology*, vol. 11, n.º 1, p. 151.

35. Bremner, R. H., Koole, S. L., y Bushman, B. J. (2010). «"Pray for those who mistreat you": effects of prayer on anger and aggression», *Personality and Social Psychology Bulletin*, vol. 37, n.º 6, pp. 830-837.

36. Briers, B., Pandelaere, M., Dewitte, S., y Warlop, L. (2006). «Hungry for money: the desire for caloric resources increases the desire for financial resources and viceversa», *Psychological Science*, vol. 17, n.º 11, pp. 939-943.

37. Buckholtz, J. W., Asplund, C. L., Dux, P. E., Zald, D. H., Gore, J. C., Jones, O. D., y Marois, R. (2008). «The neural correlates of third-party punishment», *Neuron*, vol. 60, n.º 5, pp. 930-940.

38. Buckholtz, J. W., Callicott, J. H., Kolachana, B., Hariri, A. R., Goldberg, T. E., Genderson, M., Egan, M. F., Mattay, V. S., Weinberger, D. R., y Meyer-Lindenberg, A. (2008). «Genetic variation in MAOA modulates ventromedial prefrontal circuitry mediating individual differences in human personality», *Molecular Psychiatry*, vol. 13, n.º 3, pp. 313-324.

39. Buckholtz, J. W., Treadway, M. T., Cowan, R. L., Woodward, N. D., Benning, S. D., Li, R., Ansari, M. S., Baldwin, R. M., Schwartzman, A. N., Shelby, E. S., Cole, D., Kessler, R. M., y Zald, D. H. (2010). «Mesolimbic dopamine reward system hypersensitivity in individuals with psychopathic traits», *Nature Neuroscience*, vol. 13, n.º 4, pp. 419-421.

40. Buckholtz, J. W., y Marois, R. (2012). «The roots of modern justice: cognitive and neural foundations of social norms and their enforcement», *Nature Neuroscience*, vol. 15, n.º 5, pp. 655-661.

41. Buckholtz, J. W., y Faigman, D. R. (2014). «Promises, promises for neuroscience and law», *Current Biology*, vol. 24, n.º 18, pp. R861-R867.

42. Buckholtz, J. W., Martin, J. W., Treadway, M. T., Jan, K., Zald, D. H., Jones, O., y Marois, R. (2015). «From blame to punishment: disrupting prefrontal cortex activity reveals norm enforcement mechanisms», *Neuron*, vol. 87, n.º 6, pp. 1.369-1.380.

43. Burns, J. M., y Swerdlow, R. H. (2003). «Right orbitofrontal tumor with pedophilia symptom and constructional apraxia sign», *Archives of Neurology*, vol. 60, n.º 3, pp. 437-440.

44. Campbell, A. (1999). «Staying alive: evolution, culture and women's intrasexual aggression», *Behavioral and Brain Sciences*, vol. 22, pp. 203-252.

45. Carré, J. M., Hyde, L. W., Neumann, C. S., Viding, E., y Hariri, A. R. (2013). «The neural signatures of distinct psychopathic traits», *Social Neuroscience*, vol. 8, n.º 2, pp. 122-135.

46. Casebeer, W. D. (2003). «Moral cognition and its neural constituents», *Nature Reviews Neuroscience*, vol. 4, n.º 10, pp. 840-846.

47. Cesarani, D. (2004). *Eichmann: his life and crimes*, Londres: Heinemann.

48. Cima, M., Tonnaer, F., y Hauser, M. D. (2010). «Psychopaths know right from wrong but don't care», *SCAN*, vol. 5, n.º 1, pp. 59-67.

49. Cleckley, H. (1941). *The mask of sanity*, San Luis (Misuri): Mosby.

50. Coid, J., Yang, M., Ulrich, S., Roberts, A., y Hare, R. D. (2009). «Prevalence and correlates of psychopathic traits in the household population of Great Britain», *International Journal of Law and Psychiatry*, vol. 32, n.º 2, pp. 65-73.

51. Coid, J., Yang, M., Ulrich, S., Roberts, A., Moran, P., Bebbington, P., Bhuga, T., Jenkins, R., Farrell, M., Lewis, G., Singleton, N., y Hare, R. D. (2009). «Psychopathy among prisoners in England and Wales», *International Journal of Law and Psychiatry*, vol. 32, n.º 3, pp. 134-141.

52. Chagnon, N. (1988). «Life histories, blood revenge and warfare in a tribal population», *Science*, vol. 239, pp. 985-992.

53. Chagnon, N. (1996). «Chronic problems in understanding tribal violence and warfare». En CIBA Foundation Symposium 194 (Bock, G. R., y Goode, J. A., comps.), *Genetics of criminal and antisocial behavior*, Chichester: Wiley, pp. 202-236.

54. Dabbs, J. M., Ruback, R. B., Frady, R. L., Hopper, C. H., y Sgoutas, D. S. (1988). «Saliva testosterone and criminal violence among women», *Personality and Individual Differences*, vol. 9, n.º 2, pp. 269-275.

55. Dadds, M. R., Moul, C., Cauchi, A., Dobson-Stone, C., Hawes, D. J., Brenan, J., Urwin, R., y Ebstein, R. E. (2014). «Polymorphisms in the oxytocin receptor gene are associated with the development of psychopathy», *Developmental Psychopathology*, vol. 26, n.º 1, pp. 21-31.

56. Decety, J., Skelly, L., Yoder, K. J., y Kiehl, K. A. (2014). «Neural processing of dynamic emotional facial expressions in psychopaths», *Social Neuroscience*, vol. 9, n.º 1, pp. 36-49.

57. Decety, J., Lewis, K. L., y Cowell, J. M. (2015). «Specific electrophysiological components disentangle affective sharing and empathic concern in psychopathy», *Journal of Neurophysiology*, vol. 114, n.º 1, pp. 493-504.

58. Decety, J., y Yoder, K. J. (2015). «Empathy and motivation for justice: cognitive empathy and concern, but not emotional empathy, predict

sensitivity to injustice for others», *Social Neuroscience*, vol. 11, n.º 1, pp. 1-14.

59. DeLisi, M. (2009). «Psychopathy is the unified theory of crime», *Youth Violence and Juvenile Justice*, vol. 7, n.º 3, pp. 256-273.

60. DeLisi, M., y Piquero, A. R. (2011). «New frontiers in criminal careers research, 2000-2011: a state-of-the-art review», *Journal of Criminal Justice*, vol. 39, n.º 4, pp. 289-301.

61. De Oliveira-Souza, R., Hare, R. D., Bramati, I. E., Garrido, G. J., Azevedo, F., Tovar-Moll, F., y Moll, J. (2008). «Psychopathy as a disorder of the moral brain: fronto-temporo-limbic grey matter reductions demonstrated by voxel-based morphometry», *Neuroimage*, vol. 40, n.º 3, pp. 1.202-1.213.

62. Eagleman, D. (2011). «The brain on trial», *The Atlantic*, julio-agosto.

63. FeldmanHall, O., Mobbs, D., Evans, D., Hiscox, L., Navrady, L., y Dalgleish, T. (2012). «What we say and what we do: the relationship between real and hypothetical moral choices», *Cognition*, vol. 123, n.º 3, pp. 434-441.

64. Flack, J. C., Girvan, M., De Waal, F. B., y Krakauer, D. C. (2006). «Policing stabilizes construction of social niches in primates», *Nature*, vol. 439, pp. 426-429.

65. Flores, J. C., Ostrosky, F., y Lozano, A. (2012). *Battery of frontal and executive functions (BANFE)*, México: Manual Moderno.

66. Fullam, R. S., McKie, S., y Dolan, M. C. (2009). «Psychopathic traits and deception: functional magnetic resonance imaging study», *The British Journal of Psychiatry*, vol. 194, n.º 3, pp. 229-235.

67. Gächter, S., y Schulz, J. F. (2016). «Intrinsic honesty and the prevalence of rule violations across societies», *Nature*, vol. 531, pp. 496-499.

68. Gao, Y., y Raine, A. R. (2010). «Successful and unsuccessful psychopaths: a neurobiological model», *Behavioral Sciences and the Law*, vol. 28, n.º 2, pp. 194-210.

68bis. Garrett, N., Nazzaro, S. C., Ariely, D., y Sharot, T. (2016): «The brain adapts to dishonesty», *Nature Neuroscience*, 19, 12, <doi: 10.1038/nn4426>.

69. Gervais, W. M., y Norenzayan, A. (2012). «Like a camera in the sky? Thinking about God increases public self-awareness and socially desirable responding», *Journal of Experimental and Social Psychology*, vol. 48, n.º 1, pp. 298-302.

70. Gillum, R. F., y Masters, K. S. (2010). «Religiousness and blood donation: findings from a national survey», *Journal of Health Psychology*, vol. 15, n.º 2, pp. 163-172.

Referencias bibliográficas

71. Gino, F., y Mogilner, C. (2014). «Time, money, and morality», *Psychological Science*, vol. 25, n.º 2, pp. 414-421.
72. Glenn, A. L., y Raine, A. (2014). «Neurocriminology: implications for the punishment, prediction and prevention of criminal behaviour», *Nature Reviews Neuroscience*, vol. 15, n.º 1, pp. 54-63.
73. Gommer, H. (2009). *A biological theory of law*, Tilburg University Press.
74. Gougler, M., Nelson, R., Handler, M., Krapohl, D., Shaw, P., y Bierman, L. (2011). «Meta-analytic survey of criterion accuracy of validated polygraph techniques», *Polygraph*, vol. 40, n.º 4, pp. 194-305.
75. Graham, J., y Haidt, J. (2010). «Beyond beliefs: Religions bind individual into moral communities», *Personality and Social Psychology Review*, vol. 14, n.º 1, pp. 140-150.
76. Greene, J. D., Sommerville, R. B., Nystrom, L. E., Darley, J. M., y Cohen, J. D. (2001). «An fMRI investigation of emotional engagement in moral judgment», *Science*, vol. 293, pp. 2.105-2.108.
77. Greene, J. D., y Paxton, J. M. (2009). «Patterns of neural activity associated with honest and dishonest moral decisions», *PNAS*, vol. 106, n.º 30, pp. 12.506-12.511.
78. Greene, J. D. (2013). *Moral tribes: emotion, reason and the gap between us and them*, Nueva York: Penguin.
79. Guerra, V. M., y Giner-Sorolla, R. (2010). «Community, autonomy, and divinity scale (CADS): development of a theory-based moral codes scale», *Journal of Cross-Cultural Psychology*, vol. 41, n.º 1, pp. 35-50.
80. Gürerk, Ö., Irlenbusch, B., y Rockenbach, B. (2006). «The competitive advantage of sanctioning institutions», *Science*, vol. 312, pp. 108-111.
81. Haidt, J. (2007). «The new synthesis in moral psychology», *Science*, vol. 316, pp. 998-1.002.
82. Hjalmarsson, R., y Lindquist, M. J. (2013). «The origins of intergenerational associations in crime: lessons from Swedish adoption data», *Labour Economics*, vol. 20, pp. 68-81.
83. Haley, K. J., y Fessler, D. M. (2005). «Nobody's watching?: subtle cues affect generosity in an anonymous economic game», *Evolution and human behavior*, vol. 26, n.º 3, pp. 245-256.
84. Hare, R. D. (1993). *Without conscience: the disturbing world of the psychopaths among us*, Nueva York: Guilford. [Traducción en castellano: *Sin conciencia: el inquietante mundo de los psicópatas que nos rodean*, Barcelona: Paidós, 2003.]

85. Hare, R. D. (2003). *Hare Psychopathy Checklist-Revised manual*, 2.ª ed., Toronto: Multi-Health Systems.

86. Harenski, C. L., Edwards, B. G., Harenski, K. A., y Kiehl, K. A. (2015). «Neural correlates of moral and non-moral emotion in female psychopathy», *Frontiers in Human Neuroscience*, vol. 8, n.º 741, pp. 1-10.

87. Harris, D. A. (2012). *Failed evidence: why law enforcement resists science*, Nueva York: New York University Press.

88. Haslam, S. A., y Reicher, S. (2007). «Beyond the banality of evil: three dynamics of an interactionist social psychology of tyranny», *Personality and Social Psychology Bulletin*, vol. 33, n.º 5, pp. 615-622.

89. Hauert, C., Traulsen, A., Brandt, H., Nowak, M. A., y Sigmund, K. (2007). «Via freedom to coercion: the emergence of costly punishment», *Science*, vol. 316, pp. 1.095-1.097.

90. Hauser, M. D. (2006). *Moral minds: how nature designed our universal sense of right and wrong*, Nueva York: Harper and Collins. [Traducción en castellano: *La mente moral: cómo la naturaleza ha desarrollado nuestro sentido del bien y del mal*, Barcelona: Paidós, 2008.]

91. Henrich, J., Ensminger, J., McElreath, R., Barr, A., Barrett, C., Bolyanatz, A., Cárdenas, J. C., Gurven, M., Gwako, E., Henrich, N., Lesorogol, C., Marlowe, F., Tracer, D., y Zike, J. (2009). «Markets, religion, community size and the evolution of fairness and punishment», *Science*, vol. 327, pp. 1.480-1.484.

92. Herbert, J. (2015). *Testosterone: sex, power, and the will to win*, Nueva York: Oxford University Press.

93. Herpertz, S. C., Weth, U., Lukas, G., Qunaibi, M., Schuerkens, A., Kunert, H. J., Freese, R., Flesch, M., Mueller-Isberner, R., Osterheider, M., y Sass, H. (2001). «Emotion in criminal offenders with psychopathy and borderline personality disorder», *Archives of General Psychiatry*, vol. 58, n.º 8, pp. 737-745.

94. Hesse, E., Mikulan, E., Decety, J., Sigman, M., García, M. C., Silva, W., Ciraolo, C., Vaucheret, E., Baglivo, F., Huepe, D., López, V., Manes, F., Bekinschtein, T. A., e Ibáñez, A. (2016). «Early detection of intentional harm in the human amygdala», *Brain*, vol. 139, n.º 1, pp. 54-61.

95. Hoffman, B. M. (2014). *The punisher's brain: the evolution of judge and jury*, Nueva York: Cambridge University Press.

96. Hoffmann, W., Wisneski, D. C., Brandt, M. J., y Skitka, L. J. (2014). «Morality in everyday life», *Science*, vol. 345, n.º 6.202, pp. 1.340-1.343.

96bis. Jaber-López, T., García-Gallego, A., Perakakis, P., y Georgantzis, N.

(2014), «Psysiological and behavioral patterns of corruption», *Frontiers in Behavioral Neuroscience*, 8, 434, <doi:10.3389/fnbeh.2014.00434>.

97. Johnson, D. D. P. (2005). «God's punishment and public goods: a test of supernatural punishment hypothesis in 186 World cultures», *Human Nature*, vol. 16, n.º 4, pp. 410-446.

98. Johnson, J. G., Cohen, P., Smailes, E. M., Kasen, S., y Brook, J. (2002). «Television viewing and aggressive behavior during adolescence and adulthood», *Science*, vol. 295, pp. 2.468-2.471.

99. Jonason, P. K., Slomski, S., y Partyka, J. (2012). «The dark triad at work: how toxic employees get their way», *Personality and Individual Differences*, vol. 52, n.º 3, pp. 449-453.

100. Kaukiainen A, Björkqvist, K., Österman, K., y Lagerspetz, K. M. J. (1996). «Social intelligence and empathy as antecedents of different types of aggression». En Ferris, C. G., y Grisson, T. (comps.), *Understanding aggressive behavior in children. Annals New York Academy of Sciences*, vol. 794, pp. 364-366.

101. Keizer, K., Lindenberg, S., y Steg, L. (2008). «The spreading of disorder», *Science*, vol. 322, pp. 1.681-1.685.

102. Kiehl, K. A. (2014). *The psychopath whisperer: the science of those without conscience*, Londres: Crown-OneWorld.

103. Kiehl, K. A., y Buckholtz, J. W. (2010). «Inside the mind of a psychopath», *Scientific American*, septiembre-octubre, pp. 22-29.

104. Knutson, B., Fong, G. W., Bennet, S. M., Adams, C. M., y Hommer, D. (2003). «A region in mesial prefrontal cortex tracks monetarily rewarding outcomes: characterization with rapid-even related fMRI», *Neuroimage*, vol. 18, n.º 2, pp. 262-273.

105. Knutson, B., Rick, S., Wimmer, G. R., Prelec, E., y Loewenstein, G. (2007). «Neural predictors of purchases», *Neuron*, vol. 53, n.º 1, pp. 147-156.

106. Koenigs, M., Young, L., Adolphs, R., Tranel, D., Cushman, D., Hauser, M., y Damasio, A. R. (2007). «Damage to the prefrontal cortex increase utilitarian moral judgements», *Nature*, vol. 446, pp. 908-911.

107. Koenigs, M., Baskin-Sommers, A., Zeier, J., y Newman, J. P. (2011). «Investigating the neural correlates of psychopathy: a critical review», *Molecular Psychiatry*, vol. 16, n.º 8, pp. 792-799.

108. Koenigs, M., Kruepke, M., Zeier, J., y Newman, J. P. (2012). «Utilitarian moral judgement in psychopathy», *SCAN*, vol. 7, n.º 6, pp. 708-714.

109. Kraemer, G. W., Lord, W. D., y Heilbrun, K. (2004). «Comparing single and serial homicide offenses», *Behavioral Sciences and the Law*, vol. 22, n.º 3, pp. 325-343.

110. Larsson, H., Viding, E., y Plomin, R. (2008). «Callous-unemotional traits and antisocial behavior: genetic, environmental, and early parenting characteristics», *Criminal Justice and Behavior*, vol. 35, n.º 2, pp. 197-211.

111. Lea, S. E., y Webley, P. (2006). «Money as tool, money as drug: the biological psychology of a strong incentive», *Behavioral and Brain Sciences*, vol. 29, n.º 2, pp. 161-209.

112. Lee, S. W. S., y Schwarz, N. (2011). «Wiping the slate clean: psychological consequences of physical cleansing», *Current Directions in Psychological Science*, vol. 20, n.º 5, pp. 307-311.

113. Lee, T. M. C., Leung, M., Lee, T. M. Y., Raine, A., y Chan, C. C. (2013). «I want to lie about not knowing you, but my precuneus refuses to cooperate», *Scientific Reports*, vol. 3, n.º 1.636, pp. 1-5.

114. Levenston, G. K., Patrick, C. J., Bradley, M. M., y Lang, P. J. (2000). «The psychopath as observer: emotion and attention in picture processing», *Journal of Abnormal Psychology*, vol. 109, n.º 3, pp. 373-385.

115. Lilienfeld, S. O., Waldman, I. D., Landfield, K., Watts, A. L., Rubenzer, S., y Faschingbauer, T. R. (2012). «Fearless dominance and the US presidency: implications of psychopathic personality traits for successful and unsuccessful political leadership», *Journal of Personality and Social Psychology*, vol. 103, n.º 3, pp. 489-505.

116. Ly, M., Motzkin, J. C., Philippi, C. L., Kirk, G. R., Newman, J. P., Kiehl, K. A., y Koenigs, M. (2012). «Cortical thinning in psychopathy», *American Journal of Psychiatry*, vol. 169, n.º 7, pp. 743-749.

117. Lykken, D. T. (1995). *The antisocial personalities*, Nueva York: Erlbaum. [Traducción en castellano: *Las personalidades antisociales*, Barcelona: Herder, 2000.]

118. Magdol, L., Moffitt, T. E., Caspi, A., Newman, D. L., Fagan, J., y Silva, P. A. (1997). «Gender differences in partner violence in a birth cohort of 21-year-olds: bridging the gap between clinical and epidemiological approaches», *Journal of Consulting and Clinical Psychology*, vol. 65, n.º 1, pp. 68-78.

119. Manuck, S. B., Marsland, A. L., Flory, J. D., Gorka, A., Ferrell, R. E., y Hariri, A. R. (2010). «Salivary testosterone and a trinucleotide (CAG) length polymorphism in the androgen receptor gene predict amygdala reactivity in men», *Psychoneuroendocrinology*, vol. 35, n.º 1, pp. 94-104.

120. Maras, A., Laucht, M., Gerdes, D., Wilhelm, C., Lewicka, S., Haack, D., Malisova, L., y Schmidt, M. H. (2003). «Association of testosterone and dihydrotestosterone with externalizing behavior in adolescent boys and girls», *Psychoneuroendocrinology*, vol. 28, n.º 7, pp. 932-940.

Referencias bibliográficas

121. Marshall, W. L., y Fernández, Y. M. (2000). «Phallometric testing with sexual offenders: limits to its value», *Clinical Psychology Review*, vol. 20, n.º 7, pp. 807-822.

122. Maul, C., Killcross, S., y Dadds, M. R. (2012). «A model of differential amygdala activation in psychopathy», *Psychological Review*, vol. 119, n.º 4, pp. 789-806.

123. Meffert, H., Gazzola, V., Den Boer, J. A., Bartels, A. A. J., y Keysers, C. (2013). «Reduced spontaneous but relatively normal deliberate vicarious representations in psychopathy», *Brain*, vol. 136, n.º 8, pp. 2.550-2.562.

124. Meloy, J. R. (2000). «The nature and dynamics of sexual homicide: an integrative review», *Aggression and Violent Behavior*, vol. 5, n.º 1, pp. 1-22.

125. Milgram, S. (1963). «Behavioral study of obedience», *The Journal of Abnormal and Social Psychology*, vol. 67, n.º 4, pp. 371-378.

126. Miller, H. V., y Barnes, J. C. (2013). «Genetic transmission effects and intergenerational contact with the criminal justice system: A consideration of three dopamine polymorphisms», *Criminal Justice and Behavior*, vol. 40, pp. 671-689.

127. Moffitt, T. E. (1993). «Adolescence-limited and life-course persistent antisocial behavior: a developmental taxonomy», *Psychological Review*, vol. 100, n.º 4, pp. 674-701.

128. Molenberghs, P., Ogilvie, C., Louis, W. R., Decety, J., Bagnall, J., y Bain, P. (2015). «The neural correlates of justified and unjustified killing: an fMRI study», *SCAN*, vol. 10, n.º 10, pp. 1.397-1.404.

129. Moll, J., Zahn, R., De Oliveira-Souza, R., Krueger, F., y Grafman, J. (2005). «The neural basis of human moral cognition», *Nature Reviews Neuroscience*, vol. 6, n.º 10, pp. 799-809.

130. Moll, J., De Oliveira-Souza, R., y Zahn, R. (2010). «The neural basis of moral cognition sentiments, concepts and values», *Annals of the New York Academy of Sciences*, vol. 1.124, pp. 161-180.

131. Moore, M. (1997). *Placing Blame: A General Theory of the Criminal Law*, Nueva York: Oxford University Press.

132. Morey, R. A., McCarthy, G., Selgrade, E. S., Seth, S., Nasser, J. D., y LaBar, S. (2012). «Neural systems for guilt from actions affecting self versus others», *Neuroimage*, vol. 60, n.º 1, pp. 683-692.

133. Motzkin, J. C., Newman, J. P., Kiehl, K. A., y Koenigs, M. (2011). «Reduced prefrontal connectivity in psychopathy», *The Journal of Neuroscience*, vol. 31, n.º 48, pp. 17.348-17.357.

134. Nelson, R. J., y Trainor, B. C. (2007). «Neural mechanisms of aggression», *Nature Reviews Neuroscience*, vol. 8, n.º 7, pp. 536-546.

135. Nguyen, T. V., McCracken, J. T., Albaugh, M. D., Botteron, K. N., Hudziak, J. J., y Ducharme, S. (2016). «A testosterone-related structural brain phenotype predicts aggressive behavior from childhood to adulthood», *Neuropsychoendocrinology*, vol. 63, pp. 109-118.

136. Nicholls, T. R., Ogloff, J. R., Brink, J., y Spidel, A. (2005). «Psychopathy in women: a review of its clinical usefulness for assessing risk for aggression and criminality», *Behavioral Sciences and the Law*, vol. 23, n.º 6, pp. 779-802.

137. Niehoff, D. (1999). *The biology of violence: how understanding the brain, behavior and environment can break the vicious cycle of aggression*, Nueva York: Free Press. [Traducción en castellano: *Biología de la violencia*, Barcelona: Ariel, 2000.]

138. Norenzayan, A., y Shariff, A. F. (2008). «The origin and evolution of religious prosociality», *Science*, vol. 322, pp. 58-62.

139. Ostrosky, F., Borja, K. C., Rebollar, C. R., y Díaz Galván, K. X. D. (2011). «Neuropsychological profiles of members of organized crime and drug-traffic organizations», *Research and Reports in Forensic Medical Science*, vol. 2, pp. 19-30.

140. Pajer, K. A. (1998). «What happens to "bad" girls?: a review of the adult outcomes of antisocial adolescent girls», *American Journal of Psychiatry*, vol. 155, n.º 7, pp. 862-870.

141. Pajer, K. A., Gardner, W., Rubin, R. T., Perel, J., y Neal, S. (2001). «Decreased cortisol levels in adolescent girls with conduct disorders», *Archives of General Psychiatry*, vol. 58, n.º 3, pp. 297-302.

142. Pardini, D. A., Raine, A., Ericson, K., y Loeber, R. (2014). «Lower amygdala volume in men is associated with childhood aggression, early psychopathic traits and future violence», *Biological Psychiatry*, vol. 75, n.º 1, pp. 73-80.

143. Pera-Guardiola, V., Contreras-Rodríguez, O., Batalla, I., Kosson, D., Menchón, J., Pifarré, J., Bosque, J., Cardoner, N., y Soriano-Mas, C. (2016). «Brain structural correlates of emotion recognition in psychopaths», *PLoSOne*, <doi:10.1371/journal.pone.0149807>.

144. Pessiglione, M., Schmidt, L., Draganski, B., Kalisch, R., Lau, H., Dolan, R. J., y Frith, C. D. (2007). «How the brain translates money into force», *Science*, vol. 316, pp. 904-907.

145. Petrinovich, L., O'Neill, P., y Jorgenssen, M. (1993). «An empirical study of moral intuitions: towards an evolutionary ethics», *Journal of Personality and Social Psychology*, vol. 64, n.º 3, pp. 467-478.

146. Pinker, S. (2011). *The better angels of our nature: Why violence has declined*, Nueva York: Viking. [Traducción en castellano: *Los ángeles que llevamos dentro: el declive de la violencia y sus implicaciones*, Barcelona: Paidós, 2012.]

147. Pfaff, D. (2007). *The neurobiology of fair play: why we (usually) follow the golden rule*, Nueva York: Dana Books.

148. Pfaff, D. (2011). *Man and woman: an inside story*, Nueva York: Oxford University Press.

149. Piazza, J., Bering, J. M., e Ingram, G. (2011). «"Princess Alice is watching you": children's belief in an invisible person inhibits cheating», *Journal of Experimental Child Psychology*, vol. 109, n.º 3, pp. 311-320.

150. Piff, P. K., Stancato, D. M., Cote, S., Mendoza-Denton, R., y Keltner, D. (2012). «Higher social class predicts increased unethical behaviour», *PNAS*, vol. 109, n.º 11, pp. 4.086-4.091.

151. Polderman, T. J., Benyamin, B., De Leeuw, C. A., Sullivan, P. F., Van Bochoven, A., Visscher, P. M., y Posthuma, D. (2015). «Meta-analysis of the heritability of human traits based on fifty years of twin studies», *Nature Genetics*, vol. 47, n.º 7, pp. 702-709.

152. Prehn, K., Wartenburger, I., Mériau, K., Scheibe, C., Goodenough, O. R., Villringer, A., Van der Meer, E., y Heekeren, H. R. (2008). «Individual differences in moral judgment competence influence neural correlates of socio-normative judgments», *SCAN*, vol. 3, n.º 1, pp. 33-46.

153. Purzycki, P., Apicella, C., Atkinson, Q. D., Cohen, E., McNamara, R., Willard, A. K., Xygalatas, D., Norenzayan, A., y Henrich, J. (2016). «Moralistic gods, supernatural punishment and the expansion of human sociality», *Nature*, vol. 530, pp. 327-330.

154. Pujol, J., Batalla, I., Contreras-Rodríguez, O., Harrison, B. J., Pera, V., Hernández Ribas, R., Real, E., Bosa, L., Soriano-Mas, C., Deus, J., López-Solà, M., Pifarre, J., Menchón, J. M., y Cardoner, N. (2012). «Breakdown in the brain network subserving moral judgment in criminal psychopathy», *SCAN*, vol. 7, n.º 8, pp. 917-923.

155. Raine, A., Leucz, T., Birhle, S., LaCasse, L., y Colletti, P. (2000). «Reduced prefrontal gray volume and reduced autonomic activity in antisocial personality disorder», *Archives of General Psychiatry*, vol. 57, n.º 2, pp. 119-127.

156. Raine, A., y Yang, Y. (2006). «Neural foundations to moral reasoning and antisocial behavior, *SCAN*, vol. 1, n.º 3, pp. 203-213.

157. Raine, A., Lee, L., Yang, Y., y Colletti, P. (2010). «Neurodevelopmental marker for limbic maldevelopment in antisocial personality disorder and psychopathy», *British Journal of Psychiatry*, vol. 197, n.º 3, pp. 186-192.

158. Raine, A., Young, Y., Narr, K. L., y Toga, A. W. (2011). «Sex differences in orbitofrontal gray as a partial explanation for sex differences in antisocial personality, *Molecular Psychiatry*, vol. 16, n.º 2, pp. 227-236.

159. Raine, A., Laufer, W. S., Yang, Y., Narr, K. L., Thompson, P., y Toga, A. W. (2012). «Increased executive functioning, attention, and cortical thickness in white-collar criminals», *Human Brain Mapping*, vol. 33, n.º 12, pp. 2.932-2.940.

160. Rajender, S., Pandu, G., Sharma, J. D., Gandhi, K. P. C., Singh, L., y Thangaraj, K. (2008). «Reduced CAG repeats length in androgen receptor gene is associated with violent criminal behaviour», *International Journal of Legal Medicine*, vol. 122, n.º 5, pp. 367-372.

161. Ressler, R., Burgess, A., y Douglas, J. (1992). *Sexual Homicide: Patterns and Motives*, Nueva York: Free Press.

162. Richards, H., y Jackson, R. L. (2011). «Behavioral discriminators of sexual sadism and paraphilia nonconsent in a sample of civilly committed sexual offenders», *International Journal of Offender Therapy and Comparative Criminology*, vol. 55, n.º 2, pp. 207-227.

163. Rosenbaum, R. (2014). *Explaining Hitler: the search for the origins of his evil*, Boston: DaCapo Press. [Traducción en castellano: *Explicar a Hitler: Los orígenes de su maldad*, México: Siglo XXI, 1999.]

164. Ruedy, N. E., Gino, F., Moore, C., y Schweitzer, M. E. (2013). «The Cheater's High: the unexpected affective benefits of unethical behaviour», *Journal of Personality and Social Psychology*, vol. 105, n.º 4, pp. 531-548.

165. Sachdeva, S., Iliev, R., y Medin, D. L. (2008). «Sinning saints and saintly sinners: the paradox of moral self-regulation», *Psychological Science*, vol. 20, n.º 4, pp. 523-528.

166. Sapienza, P., Zingales, L., y Maestripieri, D. (2009). «Gender differences in financial risk aversion and career choices are affected by testosterone», *PNAS*, vol. 106, n.º 36, pp. 15.268-15.273.

167. Sato, J. R., De Oliveira-Souza, R., Thomaz, C. E., Basilio, R., Bramati, I. E., Amaro, E. Jr., Tovar-Moll, F., Hare, R. D., y Moll, J. (2011). «Identification of psychopathic individuals using pattern classification of MRI images», *Social Neuroscience*, vol. 6, n.º 5-6, pp. 627-639.

168. Seara-Cardoso, A., Viding, E., Lickley, R. A., y Sebastian, C. L. (2015). «Neural responses to others' pain vary with psychopathic traits in healthy adult males», *Cognitive, Affective and Behavioral Neuroscience*, vol. 15, n.º 3, pp. 578-588.

169. Seymour, B., Singer, T., y Dolan, R. (2007). «The neurobiology of punishment», *Nature Neuroscience Reviews*, vol. 8, n.º 4, pp. 300-312.

170. Shariff, A., y Norenzayan, A. (2007). «God is watching you: priming God concepts increase prosocial behavior in an anonyomous economic game», *Psychological Science*, vol. 18, n.º 9, pp. 803-809.

171. Shariff, A., y Norenzayan, A. (2011). «Mean Gods make good people: different views of God predict cheating behavior», *The International Journal of Religion*, vol. 21, n.º 2, pp. 85-96.

172. Shin, L. M., Dougherty, D. D. , Orr, S. P., Pitman, R. K., Lasko, M., Macklin, M. L., Alpert, N. M., Fischman, A. J., y Rauch, S. L. (2000). «Activation of anterior paralimbic structures during guilt-related script-driven imagery», *Biological Psychiatry*, vol. 48, n.º 1, pp. 43-50.

173. Skeem, J. L., Polaschek, D. L. L., Patrick, C. J., y Lilienfeld, S. O. (2011). «Psychopathic personality», *Pychological Science in the Public Interest*, vol. 12, n.º 3, pp. 95-162.

174. Smith, S. F., y Lilienfeld, S. O. (2013). «Psychopathy in the workplace: the knowns and unknowns», *Aggression and Violent Behavior*, vol. 18, n.º 2, pp. 204-218.

175. Smith, K. E., Porges, E. C., Norman, G. J., Connelly, J. J., y Decety, J. (2014). «Oxytocin receptor gene variation predicts empathic concern and autonomic arousal while perceiving harm to others», *Social Neuroscience*, vol. 9, n.º 1, pp. 1-9.

176. Sowden, S., Wright, G. R. T., Banissy, M. J., Catmur, C., y Bird, G. (2015). «Transcranial current stimulation of the temporoparietal junction improves lie detection», *Current Biology*, vol. 25, n.º 18, pp. 2.447-2.451.

177. Sobhani, N., y Bechara, A. (2011). «A somatic marker perspective of inmoral and corrupt behavior», *Social Neuroscience*, vol. 6, n.º 5-6, pp. 640-652.

178. Spitzer, M., Fischbacher, U., Herrnberger, B., Grön, G., y Fehr, E. (2007). «The neural signature of social norm compliance», *Neuron*, vol. 56, n.º 1, pp. 185-196.

179. Sprague, J., Javdani, S., Sadeh, N., Newman, J. P., y Verona, E. (2012). «Borderline Personality Disorder as a female phenotypic expression of psychopathy?», *Personality Disorders*, vol. 3, n.º 2, pp. 27-139.

180. Stangneth, B. (2014). *Eichmann before Jerusalem: the unexamined life of a mass murderer*, Nueva York: Alfred A. Knopf.

181. Steele, V. R., Claus, E. D., Aharoni, E., Vincent, G. M., Calhoun, V. D., y Kiehl, K. A. (2015). «Multimodal imaging measures predict rearrest», *Frontiers in Neuroscience*, vol. 9, n.º 425, pp. 1-13.

182. Takahashi, H., Yahata, N., Koeda, M., Matsuda, T., Asai, K., y Okubo, Y. (2004). «Brain activation associated with evaluative processes of guilt and embarrassment: an fMRI study», *Neuroimage*, vol. 23, n.º 3, pp. 967-974.

183. Tiihonen, J., Rautiainen, M. R., Ollila, H. M., Repo-Tiihonen, E., Virkkunen, M., Palotie, A., Pietiläinen, O., Kristiansson, K., Joukamaa, M., Lauerma, H., Saarela, J., Tyni, S., Vartiainen, H., Paananen, J., Goldman, D., y Paunio, T. (2015). «Genetic background of extreme violent behavior», *Molecular Psychiatry*, vol. 20, n.º 6, pp. 786-792.
184. Tobeña, A. (2001). *Anatomía de la agresividad humana*, Barcelona: Galaxia Gutenberg.
184 bis. Tobeña, A. (2004). *Mártires mortíferos: biología del altruismo letal*, Valencia: PUV.
185. Tobeña, A. (2006). *El cerebro erótico*, Madrid: La Esfera de los Libros.
186. Tobeña, A. (2008). *Cerebro y poder*, Madrid: La Esfera de los Libros.
187. Tobeña, A. (2013). «The wicked in court: a neuroscientific primer», *Annals of the New York Academy of Sciences*, vol. 1.299, n.º 1, pp. 1-10.
188. Tom, S. R., Fox, C. R., Trepel, C., y Poldrack, R. A. (2007). «The neural basis of loss aversion in decision-making under risk», *Science*, vol. 315, pp. 515-519.
189. Torrubia, R., y Cucurella, A. (2008). «Psicopatía: una entidad clínica controvertida pero necesaria en psiquiatría forense», *Revista Española de Medicina Legal*, vol. 34, n.º 1, pp. 25-35.
190. Valla, J. M., y Ceci, S. J. (2011). «Can sex differences in science be tied to the long reach of prenatal hormones? Brain organization theory, digit ratio (2D/4D) and sex differences in preferences and cognition», *Perspectives on Psychological Science*, vol. 6, n.º 2, pp. 134-146.
191. Van der Gronde, T., Kempes, M., Van El, C., Rinne, T., y Pieters, T. (2014). «Neurobiological correlates in forensic assessment: a systematic review», *PLoSOne*, vol. 9, n.º 10, p. e610772.
192. Van Honk, J., Schutter, D. J., Bos, P. A., Kruijt, A. W., Lentjes, E. G., y Baron-Cohen, S. (2011). «Testosterone administration impairs cognitive empathy in women depending on second-to-fourth digit ratio», *PNAS*, vol. 108, n.º 8, pp. 3.448-3.452.
193. Vaughn, M. G., DeLisi, M., Gunter, T., Fu, Q., Beaver, K. M., Perron, B. E., y Howard, M. O. (2011). «The severe 5%: a latent class analysis of the externalizing spectrum in the United States», *Journal of Criminal Justice*, vol. 39, n.º 1, pp. 75-80.
194. Vaughn, M. G., Salas-Wright, C. P., DeLisi, M., y Maynard, B. R. (2014). «Violence and externalizing behavior among youth in the United States: is there a severe 5%?», *Youth Violence and Juvenile Justice*, vol. 12, n.º 1, pp. 3-21.
195. Vaillancourt, T., y Sunderani, S. (2012). «Psychopathy and indirect ag-

gression: the roles of cortisol, sex, and type of psychopathy», *Brain and Cognition*, vol. 77, n.º 2, pp. 170-175.

196. Verona, E., y Vitale, J. (2006). «Psychopathy in women: assessment, manifestations and etiology». En Patrick, C. J. (comp.), *Handbook of psychopathy*, Nueva York: Guilford Press, pp. 415-436.

197. Viding, E., Blair, R. J. R., Moffitt, T. E., y Plomin, R. (2005). «Evidence for substantial genetic risk for psychopathy in 7-year-olds», *Journal of Child Psychology and Psychiatry*, vol. 46, n.º 6, pp. 592-597.

198. Viding, E., Frick, P. J., y Plomin, R. (2007). «Aetiology of the relationship between callous-unemotional traits and conduct problems in children», *British Journal of Psychiatry*, vol. 190, n.º 49, pp. 33-38.

199. Viding, E., McCrory, E., y Seara-Cardoso, A. (2014). «Psychopathy», *Current Biology*, vol. 24, n.º 18, pp. R871-R874.

200. Wessely, S. (2012). «Anders Breivik, the public, and psychiatry», *The Lancet*, vol. 379, pp. 1.563-1.564.

201. Welker, K. M., Lozoya, E., Campbell, J. A., Neumann, C. S., y Carré, J. M. (2014). «Testosterone, cortisol, and psychopathic traits in men and women», *Physiology and Behavior*, vol. 129, pp. 230-236.

202. Wilson, D. S., Near, D., y Miller, R. R. (1996). «Machiavellianism: a synthesis of the evolutionary and psychological literature», *Psychological Bulletin*, vol. 119, n.º 2, pp. 285-299.

203. Wolf, R. C., Pujara, M. S., Motzkin, J. C., Newman, J. P., Kiehl, K. A., Decety, J., Kosson, D. S., y Koenigs, M. (2015). «Interpersonal traits of psychopathy linked to reduced integrity of the uncinate fasciculus», *Human Brain Mapping*, vol. 36, n.º 10, pp. 4.202-4.209.

204. Wrangham, R. W., y Peterson, D. (1996). *Demonic males: apes and the origins of human violence*, Nueva York: Hougthon Mifflin Co. [Traducción en castellano: *Machos demoníacos: sobre los orígenes de la violencia humana*, Buenos Aires: Ada Korn Editora, 1998.]

205. Wright, G. R. T., Berry, C. J., Catmur, C., y Bird, G. (2015). «Good liars are neither "dark" nor self-deceptive», *PLoSOne* vol. 10, n.º 6, e0127315.

206. Yoder, K. J., Harenski, C., Kiehl, K. A., y Decety, J. (2015). «Neural networks underlying implicit and explicit moral evaluations in psychopathy», *Translational Psychiatry*, vol. 5, e625.

207. Young, L., Bechara, A., Tranel, D., Damasio, H., Hauser, M., y Damasio, A. R. (2010). «Damage to ventromedial prefrontal cortex impairs judgement of harmful intent», *Neuron*, vol. 65, n.º 6, pp. 845-851.

208. Zahn, R., De Oliveira-Souza, R., Bramati, I., Garrido, G., y Moll, J.

(2009). «Subgenual cingulate activity reflects individual differences in empathic concern», *Neuroscience letters*, vol. 457, n.º 2, pp. 107-110.

209. Zhong, C. B., Bohns, V. K., y Gino, F. (2010). «Good lamps are the best police: darkness increases dishonesty and self-interested behavior», *Psychological Science*, vol. 21, n.º 3, pp. 311-314.

210. Zink, C. F., Pagnoni, G., Martin-Skurski, M. E., Chappelow, J. C., y Berns, G. S. (2004). «Human striatal responses to monetary reward depend on saliency», *Neuron*, vol. 42, n.º 3, pp. 509-517.

Su opinión es importante.
En futuras ediciones, estaremos encantados
de recoger sus comentarios sobre este libro.

Por favor, háganoslos llegar a través de nuestra web:

www.plataformaeditorial.com

Para adquirir nuestros títulos,
consulte con su librero habitual.

«En esta tierra hay plagas y víctimas y,
en la medida de lo posible, hay que negarse
a estar con la plaga.»*
ALBERT CAMUS

«*I cannot live without books*».
«No puedo vivir sin libros.»
THOMAS JEFFERSON

Desde 2013, Plataforma Editorial planta un árbol
por cada título publicado.

* Frase extraída de *Breviario de la dignidad humana* (Plataforma Editorial, 2013).